실존통합심리상담
－ 과정과 기법 －

Existential Wholistic Psychotherapy:
Process and Intervention Skill

실존통합심리상담

과정과 기법

한재희 저

Existential Wholistic Psychotherapy:
Process and Intervention skill

학지사

프롤로그

"가치 있는 인생이란 무엇일까?" "인생의 진정한 의미는 무엇일까?" 대학 시절 이후 끊임없이 마음 한 구석에서 자리 잡고 있는 나 자신에 대한 질문이다. 아마도 이는 의식적이지 않더라도 거의 모든 사람의 마음속에 지닌 질문일 것이다. 인간은 어느 누구나 가치 있는 삶을 추구한다. 자신의 삶에 대한 가치나 의미를 잃을 때 인생에 대한 허무함을 느끼며 더 나아가 심한 마음의 병을 얻게 될 것이다. 나 역시 젊은 시절 미래의 불안과 삶의 허무함에 대한 생각으로 가슴앓이가 심했던 기억이 있다. 그 당시에 실존과 관련된 책들은 나의 마음을 사로잡았다. 아마 프랭클(V. Frankl), 부버(M. Buber), 틸리히(P. Tillich), 카프카(F. Kafka) 등의 실존철학이나 실존문학에 관련된 서적을 좋아하고 더 나아가 상담 공부를 시작하게 된 계기도 이와 무관치 않다.

"인간은 어떤 존재인가?" "인간은 언제 변화가 일어나는가?" 이는 교수로서 상담학을 가르치며, 또한 전문상담자로서 많은 사람을 만나면서 시간이 지나갈수록 더욱 생생하게 내 마음에 고민을 일으키는 주제이다. 정신역동, 인지행동, 체계이론 등 다양한 상담이론과 심리학적 지식은 학문적 거장들의 공헌에 힘입어 인간 발달에 대한 안목을 매우 깊고 풍요롭게 하였다. 하지만 인간에 대한 설명과 변화에 대한 이해는 인간만이 지닌 실존에 대한 안목 없이는 결코 온전할 수 없다. 결국 심리 현상에 대한 다양한 이론의 지식과 통찰은 인간에 대한 이해를 넓혀 주지만, 진정한 인간의 변화와 성숙은 실존적 자기의식으로 연결될 때 비로소 이루어질 수 있음을 임상 현장을 통해 날이 갈수록 확신하게 되었다.

"우리 문화에서 어떻게 실존적 상담을 접목할 수 있을까?" 긴 세월 동안 많은 상담학도들을 만나고 내담자들과 삶을 나누면서 나의 끊임없는 고민은 우리 문화에서 상담의 실존적 접근을 구체적으로 체계화시킬 방안에 대한 것이었다. 일반적으로 실존이라는 철학적 개념은 매우 추상적일 뿐만 아니라 다양한 학자에 따라 표현되는 언어 방식과 강조점이 다르기에 생활 속 언어로 구체화하여 이해하기가 쉽지 않다. 특히 실존 개념을 상담에 적용하여 활용하는 것은 때로는 구체적인 방법이 결여된 모호한 상담적 접근으로 여겨지기도 한다. 명료한 상담

체계와 기법을 추구하는 현 시대의 상담 교육에 있어서 실존적 접근에 대해 기본적으로는 박수를 보내면서도 상담 실제에서는 혼란스러움을 경험하는 경우가 대부분이다. 이러한 모호함과 혼란스러움을 극복하기 위해 나 자신이 상담 현장에서 내담자를 만나 실행하고자 애썼던 실존상담적 접근의 과정과 방법을 문자적 언어로 체계화시켜 보기로 하였다. 또한 우리의 문화 혹은 언어 터전 위에서 서구적 개념의 철학이나 상담 용어를 더 쉽고 편안하게 이해할 수 있도록 시도하였다.

이 책은 실존적 접근에 대해 쉽게 이해할 수 있는 책을 계획함에 있어서 이론적 서술보다는 가급적 실제 진행되는 과정을 워크북 형식으로 제시하고자 하였다. 따라서 기존에 번역되어 소개된 실존상담에 관련된 책들과는 형식이나 내용이 다소 상이할 수 있다. 무엇보다도 이 책은 필자가 상담자로서 개입하는 과정을 체계화시키고자 했던 것으로서, 상담의 계획적 틀을 거부하는 전통적인 실존주의 상담자에게는 다소 거북할 수도 있다. 그러나 필자는 인간에 대한 실존적 가치관을 바탕으로 역사 속에서 다양한 상담이론이 선물로 남겨 준 인간에 대한 깊은 통찰적 안목과 상담적 지혜를 통합적으로 활용하며, 또한 한국 문화적인 요소를 접목하고자 노력하였다. 그리고 이를 '실존통합(Existential Wholistic)심리상담'이라 명명하였다.

이 책을 집필함에 있어서 처음부터 마지막에 이르기까지 참고자료를 직접적으로 인용하거나 활용하지는 않았다. 인용을 위해 참고도서에 의존하기보다는 나 자신이 이해한 실존의 개념과 상담의 과정에 대해 상담실 내에서의 경험을 사색하면서 가급적 구어체 문장으로 옮기고자 하였다. 참고 인용의 각주 대신 이 책에서 언급된 내용에 대해 실제 출처가 될 수 있는 문헌을 따로 모아서 제시하였다.

이 책이 '실존통합심리상담'에 대한 전반적인 이론적 체계와 구체적인 내용을 풍요롭게 제시하기에는 많은 한계를 지니고 있다는 사실을 부인할 수 없다. 이 책을 기반으로 '실존통합심리상담'의 이론적 정립과 상담 활동의 실제적인 부분에 대한 의미 있는 연구가 지속될 수 있도록 많은 격려와 지도를 부탁드리고 싶다.

끝으로 일일이 열거할 수는 없지만 이 책을 집필하는 과정에서 지치고 힘들 때마다 아낌없는 격려와 사랑을 베풀어 준 손길과 실존통합의 공동체에서 함께 했던 모든 분께 진심으로 마음속 깊이 감사드린다. 그리고 만날 때마다 따스한 웃음으로 반겨 주시는 학지사 김진환 회장님과 이 책의 출판을 위해 아낌없는 노력을 주신 김순호 이사님 이하 편집부 직원 모두에게 진심으로 감사드린다.

차례

제2부 실존통합심리상담의 실제

제1부

실존통합심리상담의 이론적 기초

01
실존통합심리상담은 무엇인가

"상담은 전문가인 인간과 인간인 내담자가
만나는 경험의 현장이다."

-한재희-

실존통합심리상담은 인간이 실존적이며 통합적인 존재라
는 철학적 시각의 바탕에서 심리적 현상이나 문제에 대한 상
담적 접근을 시도하는 것을 의미한다. 따라서 실존통합심리상
담적 접근에 대해 실제적으로 이해하기 위해서는 다음 세 가지
질문이 선행된다.

- 실존적 존재로서의 인간은 구체적으로 무엇을 의미하는
  가?
- 통합적 존재로서의 인간은 어떤 특성을 의미하는가?
- 실존통합적 심리상담의 특성 및 접근 방식은 무엇인가?

실존통합심리상담의 '실존'에 대한 이해

나는 세미나에서 종종 '실존'하면 생각나는 것이 무엇인지
를 질문해 본다. 대부분의 참석자가 실존하면 떠오르는 단어
로서 '선택, 자유, 현실, 주체, 의미' 등 조금은 막연하거나 추상
적으로 대답한다. 더 나아가 실존적으로 사는 것이 구체적으로
어떤 것인지를 질문할 때 "내가 원하는 대로, 내가 살고 싶은
방식에 따라 사는 것"이라는 대답이 가장 많이 나온다. 실제로
많은 사람이 '실존'에 대한 의미를 주체성이나 개별성과 관련된

개념으로 이해한다. 따라서 '내 맘대로 사는 것' '내 욕구대로
사는 것' '내가 주체적이 되는 것' 등등 자신의 독특한 개별적인
인생과 관련하여 생각한다.

실존의 영어 단어인 'existence'는 '외부, 밖에'라는 의미의
'ex'와 '드러나 있다'라는 의미의 'sistere'의 복합어로 '드러나 있
는 상태로서의 존재'라는 의미를 지닌다. 즉, 실존이라는 개념
으로 볼 때 한 개인은 인간이라는 공통적 분모가 지닌 보편적
인 특성보다는 실제로 드러나 있는 개별적인 특성이 더욱 중요
하다. 현대사회에서 기능적이고 역할 중심적인 특성으로 인해
상실된 개인의 독특한 개별성과 주체성을 강조하는 것은 실존
주의를 주창하는 사람들에게 매우 자연스러운 것이다. 대부분
의 실존주의 철학자는 이러한 개별적이고 주체적인 인간적 특
성을 매우 강조하고 있다. 키르케고르(Kiekegarrd)는 실존적인
인간 존재의 특성을 '신 앞에 단독자'라고 하였다. 이는 누구나
절대자, 즉 신 앞에 단독자로서 살아가야만 하는 삶의 특성을
의미하는 것이다. 결국 주체적 실존이 인간의 본질적 특성이기
에 인간은 무엇보다 자신의 존재 방식에 대한 진솔한 내면적
성찰의 과정을 통해서 자신의 구체적인 삶의 의미를 파악해야
하는 것이다. 니체는 초인(Übermensch)을 부르짖으며 "자신의
운명을 사랑하라."는 아모르파티(amor fati)를 주장하였다. 이는
결국 자신이 삶의 주인이라는 주체성을 강조하는 것이다.

여기서 주체성에 대한 의미는 피상적으로 단지 자신이 살고 싶은 욕구대로 살아간다는 것보다는 좀 더 깊은 의미가 있다. 자유와 선택의 주체성은 '책임성'이라는 또 하나의 측면을 불가피하게 포함하고 있다. '책임성'에 해당하는 영어 단어인 'responsibility'는 '응답하다'라는 'reponse'와 '능력'을 뜻하는 'ability'의 합성어로서 '응답할 수 있는 능력'을 의미한다. 책임성의 이러한 의미에는 타인 혹은 사회적 요구 및 기대에 응답하는 것을 포함하지만 무엇보다도 가장 기본적인 측면에서 보면 '자신이 진정으로 원하는 삶에 부응할 수 있는 능력'을 뜻한다. 이렇게 자신의 삶에 부응하는 책임성 있는 존재적 특성을 하이데거는 '본래적(authentic)'이라고 하였다. 반면 단순히 외부 요청이나 시대 흐름에 따라 자신을 잃고 역할과 기능 속에서만 살아가는 모습을 '비본래적(unauthentic)' 존재의 모습이라고 하였다. 현대인의 가장 두드러진 특징 가운데 하나가 돈과 권력, 지위와 명예가 목적이 되어 자신의 진정한 삶의 의미를 상실한 채 '비본래적'인 모습으로 살아가는 것이다. 실존적 인간은 바로 본래적 존재의 모습으로 삶을 영위하는 것을 의미한다.

따라서 실존적 주체성이라는 것은 자기 삶의 의미를 고민하고 있는 인간적 특성을 의미하는 것이다. 이는 단순한 욕구 중심의 삶이 아닌 자신이 살아가고자 하는 진정한 삶의 의미에 대한 숙고와 함께 삶의 방식을 선택하고 결단하는 것이다. 이런 의미에서 소크라테스의 "성찰하지 않는 인생은 가치 없는 삶이다(Unexamined life is not living worth)."라는 말은 실존적 삶에 대한 명확한 의미를 제공해 준다. 그러므로 상담 및 심리치료에서의 실존적 접근은 핵심적으로 내담자의 심리와 증상, 그리고 적응을 위해 내담자를 전문적으로 다루는 대상이 아닌 어떻게 살기를 원하는지에 대한 깊이 있는 성찰이고 이에 대해 부응하는 과정이라고 할 수 있다.

그러나 실존의 개념에는 개별적이며 주체성이라는 한 측면만 있는 것이 아니다. 실제에 있어서 실존은 관계성을 매우 중요시한다. 실존주의 철학자인 하이데거(M. Heidegger)는 실존적 인간을 현존재(Da-sein)로 규명하며, 이를 세계 내 존재(In-der-Welt-Sein)로 설명한다. 현존재는 어떤 사물처럼 단순히 어떤 공간에 독자적으로 놓여 있는 것이 아니라 삶의 세계 속에서 끊임없이 다른 실체들과 관계를 맺고 있는 특징이 있음을 강조한다. 실존적 인간을 의미하는 '현존재'는 세상과 타인, 그리고 자기 자신과의 관계 맺는 존재로서 사물이나 동물의 존재적 특성과는 전혀 다른 것이다. 야스퍼스(K. Jaspers) 또한 인간을 '상황 내 존재(In-Situation-Sein)'로서 규명하였으며, 한계 상황에서의 선택과 정신적 초월을 실존적 인간의 매우 중요한 특성으로 강조하고 있다. 이는 본질적으로 인간은 물리적 세상이든 인간관계적 측면이든 세계 속의 여러 차원 속에서 삶의 다양한 한계 상황과 관계 속에서 살아간다는 것을 의미한다.

현대사회의 특성을 이야기할 때 '단절된 사회, 관계를 상실한 사회, 이웃을 잃어버린 사회, 군중 속의 고독'이라는 용어가 흔히 등장한다. 이는 사람과 사람 사이의 진솔한 관계가 아닌 역할적인 만남, 기능적으로 교류하는 피상적 관계, 타인을 대상화시키고 사물화시키는 관계적 특성을 지니게 된다. 따라서 실존은 관계성, 특히 역할적 관계가 아니라 사람과 사람 사이의 진솔한 관계를 중시한다. 인간의 만남도 '만남'이라는 그 자체가 추구하고 진정성을 가질 수 있는 의미에서 본래적일 수도 또는 비본래적일 수도 있다. 실존적 개념으로 볼 때 본래적 만남은 서로가 진정성이 있으며 진솔한 관계적 특성을 지닌 만남을 의미한다. 실존주의 철학자 중에 마틴 부버(M. Buber)의 '나와 너'의 관계, 레비나스(E. Levinas)의 '환대로서의 만남'은 본래적 관계성에 대한 중요한 의미를 제공해 준다.

개별적 주체성과 본래적 관계성은 인간 실존에서 동전의 양면과 같다. 이러한 두 측면은 서로에 대해 우선적이거나 중요성에서 차별을 갖는 것이 아니라 서로서로 상호작용하면서 진정한 실존적 존재로서의 삶의 방식과 태도를 만들어 간다. 내면적 주체성을 지니고 있는 사람은 타인과 본래적 관계를 맺을 수 있으며, 타인과의 본래적 관계를 맺는 경험은 자신의 주체성을 형성하는 힘이 된다. 따라서 실존적 인간이라고 하면 자신의 주체성을 가지고 있으면서도 타인과의 본래적 관계를 이루어 가는 사람이다.

실존통합심리상담의 '통합'에 대한 이해

최근 상담학이나 심리학에서 통합은 매우 중요한 주제 중 하나가 되었다. 그러나 심리상담적 접근에서 통합이라는 의미를 명확하게 이해하고, 또한 규명된 개념으로 실제에 활용되는 것은 찾아보기 어렵다. 상담에서 통합적 접근을 이야기할 때 대부분 상담 과정에서 다양한 이론을 결합하는 접근이나 상담 개입 기술을 취사선택하며 내담자를 돕는 접근을 뜻한다.

그러나 상담에서 통합에 대한 논의는 무엇보다도 상담 개입 기술의 포괄성보다는 인간이나 삶에 대한 통전적인 이해가 기본적으로 전제되어야 한다. 대부분의 상담 이론은 인간과 심리적 작용에 대한 나름의 특정한 철학적 가설을 지니고 있기에 이론이나 개입 기술의 무분별한 혼합은 오히려 혼란을 초래할 수도 있다. 실존통합심리상담에서의 통합은 무엇보다도 인간 존재에 대한 통합적 이해를 기반으로 한다. 이는 비록 인간 존재의 현상이 다양한 측면과 여러 특성을 지니고 있지만, 실존통합심리상담자는 전인적(wholistic) 차원의 안목으로 내담자에 대해 통합적으로 이해할 수 있어야 한다.

인간 존재나 심리에 대한 단편적인 이해는 인간을 매우 기계론적으로 이해하거나 지엽적으로 인식하는 오류를 범할 수 있기 때문에 심리상담에서 통합적 접근은 매우 중요하다. 인간의 내면세계는 여러 특성을 지니고 있지만 기본적으로 그 특성들을 분리할 수 없는 존재이다. '개인'을 의미하는 영어 단어는 'individual'로, 'in'과 'divide'의 합성어이다. 즉, 분리할 수 없다는 의미이다. 무엇보다도 인간은 전인적(wholistic)인 존재이다. 실존통합심리상담은 인간에 대한 전인적(wholistic) 차원의 존재론적 이해를 바탕으로 심리상담적 개입에서의 통합적(integrative) 시도를 수행하는 접근법이다.

인간 존재에 대한 통합적 이해

상담학에서 인간 존재와 삶에 대한 질문은 가장 필수적이고도 기본적인 것이다. 소크라테스(Socrates)가 자주 활용했던 델포이의 아폴로 신전 현관 기둥에 새겨져 있던 '너 자신을 알라.'라는 문구나 '숙고하지 않는 인생은 살아갈 가치가 없다.'라는 그의 말은 실존적 관점에서 상담적 접근의 핵심이 되는 격언이다. 이러한 관점과 함께 소크라테스는 자신의 대화 방법인 산파술을 활용함으로써 아마도 최초의 실존주의적 접근의 상담자라고 볼 수 있다. 상담은 결국 내담자가 자신을 알아 가는 과정이고 자신이 어떤 삶을 향해 가는지를 깨닫고 최선의 선택을 도와주는 과정이다. 내담자 자신이 자신과 맺는 관계는 물리적 세계 혹은 타인과 관계 맺는 방식의 근간이 된다. 이를 위해 상담에서 '인간이 어떤 존재인가?'에 대한 상담자의 철학적 가설은 매우 중요하다. 인간 존재에 대한 철학적 가설은 여러 학문 분야에서 매우 다양한 시각을 통해 논의되어 왔으며 기본적으로는 철학적 주제의 핵심을 차지한다.

실존통합심리상담에서는 무엇보다도 인간 존재에 대한 통합적 시각을 갖고자 한다. 이는 존재론적 관점에서의 인간에 대한 통합적 시각, 인간의 존재 방식에 있어서 다양한 차원에 대한 통합적 이해, 실존 개념이 포함하고 있는 것에 대한 통합적 고찰 등을 의미한다.

인간 존재에서 본질과 실존에 대한 논쟁은 시대를 걸쳐 내려오는 오랜 철학적 주제였다. 그러나 인간은 보편적 본질과 개별적 실존을 동시에 겸비한 존재이다. 인간이 지닌 보편성 차원에서 상담학이라는 학문적 대상으로서 과학적 접근을 통한 인간의 특성을 이해할 수 있다. 그러나 인간의 보편적 특성이 개별적 실존체로서의 개인을 설명해 줄 수는 없다. 이러한 점에서 "실존이 본질보다 앞선다."라고 주창했던 사르트르(J. P. Sartre)의 견해와 유사하다. 하지만 비록 상담자가 인간의 보편적 차원에서 내담자를 기계적으로 평가하려는 것을 삼가고 있지만, 상담자적 접근에서 인간 존재의 보편적 특성에 대한 통합적 이해는 매우 중요하다.

또한 인간은 다면적 차원의 세계를 지니고 있다. 이는 물리적 세계, 사회관계적 세계, 개인관계적 세계, 내면적 세계, 그리고 정신적 차원의 영적 세계를 동시에 지니고 있다. 인간을 이해할 때 다면적 차원의 세계에 대한 통합적 이해는 매우 중요하다. 이는 다음 장에서 좀 더 상세히 언급된다. 더 나아가 실존통합심리상담은 앞서 설명한 바와 같이 인간 실존의 두 축이라 할 수 있는 주체성과 관계성에 대한 통합적 이해를 전제로 한다.

심리적 현상에 대한 통합적 이해

심리적 현상은 우리나라 용어로 '마음[心]'에서 일어나는 다양한 특성을 의미한다. 마음[心]의 특성과 가장 유사한 서양의 용어는 '자기'로 번역되는 'self'일 것이다. 마음[心]과 self는 모두 한 인간의 총체적 자신에 대한 핵심이기 때문이다. 그러면 마음은 무엇을 뜻하는 것일까? 생각을 의미하는 것일까? 아니면 감정을 의미하는 것일까? 또는 내면 속의 어떤 의지나 외적인 행동을 뜻하는 것일까? "마음을 굳게 먹어."라고 할 때는 의지를 의미하고, "마음이 아파."라고 할 때는 감정을, "마음을 고쳐먹어."라고 할 때는 주로 생각을 가리키는 것과 유사하다. 마음 혹은 self에 대한 심리학적 접근을 할 때 이러한 요인들을 구분하여 분석하는 경향이 있지만 실제로 현상적으로 볼 때 이러한 내면의 요소들은 갈라놓을 수 없는 총체적인 핵심이다. 따라서 마음은 생각과 신념, 감정, 의지, 그리고 행동 등 모든 것을 포함한다. 한자에서 마음을 의미하는 심(心)자는 4획인데 각각의 획은 인지, 정서, 의지, 행동을 포함하고 있는 한 개인의 총체적 핵심이다.

심리상담에서도 인간을 어떻게 이해하느냐에 따라 심리적 실체에 대한 강조점과 접근 방식이 달라진다. 기본적인 예로 정신역동적 접근 방식의 상담은 현재의 심리적 특성이 주로 무의식적 동기와 갈등으로 인해 발생되는 것을 기본 입장으로 한다. 따라서 유아 및 아동기에 억압된 정서가 성격 형성에 매우 중요한 영향을 주며 현재의 모든 문제가 억압된 아동기의 갈등에 뿌리를 두고 있는 것으로 본다. 이런 측면에서 보면 억압된 감정을 인지, 행동, 의지에 영향을 주는 핵심 요인으로 간주하는 것이다. 반면 인지적 접근의 상담은 모든 자연은 정신과 물질로 구성되어 있다는 이원론(dualism)적 입장을 취하는 데카르트(R. Descartes) 철학의 영향을 받고 있다. 따라서 데카르트는 인간을 이해함에서도 육체와 마음을 별개의 실체로 보고 인지적 사고가 육체의 기계적 운동을 작동시키는 인간 의식의 절대성을 주장하였다. 이러한 영향으로 상담적 접근에서도 인지가 감정, 행동, 의지에 선행되는 요인으로서 인지적 특성에 대한 상담적 개입을 중시하는 것이다.

행동주의적 상담의 접근은 인간의 환경결정론적 발달관을 제시한 존 로크(J. Locke)의 철학적 사고에서 기인한다. 따라서 인간의 마음은 선천적으로 결정된 어떠한 특성도 소유하지 않은 백지(tabula rasa) 상태로 태어나서 환경의 경험에 따라 정신이 발현되고 경험의 내용에 따라 서로 다른 사고와 감정을 지닌다는 가설에서 출발한다. 반면 내담자중심상담은 사람은 태어날 때 각기 독특한 잠재적 능력을 갖고 있다고 주장한 루소(J. J. Rousseau)의 철학과 맥을 같이 한다. 루소는 개인이 지니고 있는 내면의 잠재력은 외부 의도에 의해 조형되거나 통제되지 않을 때 자연스럽게 자아성취를 위한 최상의 발달을 가져올 수 있다는 철학적 가정을 내세우고 있다. 이러한 인간의 긍정적인 자아실현 경향성에 대한 신념으로 비지시적 상담이 출발하고 내담자중심의 상담으로 그리고 실존주의적 사상의 영향을 받아 인간중심상담으로 발전한다. 이는 상담 현장에서 상담자는 자연스럽게 내담자의 성장을 방해하는 현재 정서에 많은 초점을 두고 있으며 내담자 스스로가 인지적 성찰과 행동적 선택을 할 수 있다고 신뢰하는 태도를 유지하도록 한다.

실존통합심리상담에서는 인간의 마음에서 일어나는 작용인 인지, 정서, 의지, 행동의 요인들을 인과 관계로 설정하지 않는다. 인간의 몸과 마음이 인과 요인이기보다는 상호작용의 특성을 지니고 있듯이 마음의 내면적 요소들은 서로 유기적으로 연결되어 있다. 따라서 실존통합심리상담에서는 인간의 마음을 분리적 개념이 아닌 전인적(Wholistic) 영역으로 인식함으로써 내담자의 인지, 정서, 의지, 행동에 대한 통합적(integretive) 개입을 시도한다.

상담 개입 과정과 기술에서의 통합적 접근

실존통합심리상담은 실존적 존재로서의 인간에 대한 이해를 기반으로 하여 마음이라는 총체적 관점을 통해 개입을 시도한다. 마음이라는 심리적 공간은 시간 개념에 있어서도 과거와 현재와 미래가 통합되어 있다. 인간은 물리적 공간에서는 현재를 살아가고 있지만 마음은 여전히 과거에 머무르기도 하고, 미래가 자신을 지배해서 이끌어 가기도 한다. 그러나 마음 안에서는 과거와 미래가 단지 지나갔거나 다가올 시간이 아닌 현재 안에 존재하는 현재적 과거이며 현재적 미래인 것이다. 이로 인해 실존통합심리상담의 과정에서는 과거에 대한 현재적 의미와 미래에 대한 현재적 가치가 매우 중요하게 이해되어야 한다.

과거는 현재 증상의 원인이라는 인과 개념으로서가 아닌 현재를 이해하는 자료로서 활용되며, 이러한 자료는 현재 안목이 바뀜에 따라 다르게 해석된다. 미래는 무엇보다도 자신의 삶에 대한 가치와 삶의 태도에 대한 선택적 자원이 된다. 또한 마음에 대한 총체적 개입은 궁극적으로는 증상에 대한 처방보다는 존재적 태도에 대한 가치론적 개입이지만 그 과정에서 정서, 인지, 의지, 행동에 대한 다차원적인 심리적 개입이 수반되어야 한다.

실존통합심리상담적 개입에서는 무엇보다도 상담자와의 관계적 경험을 바탕으로 내담자가 자신에 대한 심층적 정서 접촉과 함께 자신과의 대면적 경험을 하는 것이 무엇보다 중요하다. 그러나 이러한 자신에 대한 정서적 경험은 감정의 정화뿐만 아니라 그 감정이 포함하고 있는 메시지에 대한 인식, 신념과 인지적 내용에 대한 통찰, 행동 및 대인관계적 특성에 대한 개입이 다면적으로 이루어져야 한다. 이와 같이 실존통합심리상담의 개입적 접근은 매우 다양하고 깊은 차원에서의 의미를 담고 있다.

결론적으로 실존통합심리상담은 무엇보다도 인간의 존재

론적 개념에 대한 철학적 입장과 인간의 마음인 심리 현상에 대한 통합적 이해를 기본 바탕으로 삼으며, 이를 통해 상담개입 과정과 기술에서의 통합적 접근을 시도한다. 이는 개인적 주체인 마음의 작용에 대한 현상적 접근과 실존적 존재로서의 인간이 지닌 의미와 선택, 가치와 책임 등의 철학적 접근이 동시에 이루어짐을 의미한다.

실존통합심리상담의 특성 및 접근 방식

"실존통합심리상담은 너와 내가 연결된 실존적 만남을 통해 과거/현재/미래가 통합된 삶의 현장에서 참다운 자신과의 만남(real self)을 체험하며, 이를 통해 정서/인지/행동이 통합된 새로운 미래적 자기(new self)를 열어가는 과정"이다.

실존통합심리상담은 상담자와 내담자의 실존적 만남, 내담자가 자신의 내면과의 만남, 그리고 내담자 자신의 한계 상황과 가치관에 대한 철저한 대면과 성찰을 이루도록 한다. 즉, 실존통합심리상담의 전반적인 과정은 내담자가 한계 상황을 직시하고 심층적인 자기대면의 경험 속에서 삶에 대한 새로운 선택을 이룰 수 있도록 돕는 전문가적 조력의 과정이다.

실존통합심리상담의 접근에서 상담적 진행은 크게 세 가지 범위로 나눌 수 있다. '실존적 관계 맺기'와 '세계관 개념화', 그리고 '실존적 대면과 재구성(reframe)'이 그것이다. 또한 실존적 관계 맺기의 구체적인 상담적 접근 과정은 '마음다리 연결하기'와 '우리마음 형성하기'로 나눌 수 있으며, 세계관 개념화는 '옛마음보 파악하기', 실존적 대면은 '옛마음보 기경하기'와 '새마음보 형성하기'로 나눌 수 있다. 구체적인 과정은 2부에서 자세히 설명할 것이다.

실존적 관계 맺기

실존통합심리상담에서 인간의 성장과 변화는 기본적으로 만남이라는 관계적 경험을 통해 이루어진다는 가치관을 지니고 있다. 내담자는 상담자와 만남의 현장에서 관계적 경험을 통해 자신을 성찰하고 삶의 변화를 위한 자원을 찾아내며 새로운 시각으로 삶을 바라볼 수 있는 힘을 얻는다. 따라서 상담은 상담자가 내담자를 대상으로 분석하는 과정이 아니라 새로운 경험이 이루어지는 현장이다.

상담은 상담자와 내담자라는 역할적 위치를 서로가 인정하는 일종의 사회적 관계로 시작된다. 사회적 관계는 일반적으로 성취와 역할이라는 기능적인 측면이 강하게 나타난다. 이러한 관계는 때로는 상호적이기보다는 자연스럽게 일방적 관계를 설정하고 유지하기가 쉽다. 상담에서도 한 사람은 높은 위치에, 다른 한 사람은 낮은 위치에서 어떤 목적을 위한 역할을 수행하게 된다. 이런 경우 상담자는 내담자의 삶에 대한 진단이나 평가, 탐색과 분석, 그리고 조언과 교육 등을 통해 자연스럽게 상담 관계의 형태를 이루게 된다. 더 나아가 내담자는 자신도 모르는 사이에 자기에 대한 성찰을 상담자에게 의존하는 일방적 관계를 형성하게 된다. 때때로 내담자는 자신의 문제를 상담자에게 털어놓는 과정에서 문제해결 자체를 위탁하는 경우도 있다.

그러나 무엇보다도 심층적인 상담이 되기 위해서는 상담자와 내담자는 사회적 관계에서 개인적 관계로 서로를 초대해야 한다. 이는 일방적 관계가 아닌 상호적 관계로의 전환을 의미한다. 진정한 상호 관계는 역할이나 지위에 대한 동등성 여부에 관계없이 인격적 평등성을 유지할 때 가능하다. 인격적 평등성을 이룬 관계에서 잘 드러나는 특징은 상호작용하는 관계에서 평가의 두려움 없이 자신의 심정을 이야기하는 모습이라 할 것이다. 상담실 안에서 이러한 상호적 관계가 이루어질 때 내담자는 기꺼이 자신의 개인적 세계로 상담자를 초대한다. 상담의 첫 단계인 '마음다리 연결하기'는 상담자의 초기 만남에서 상호 관계를 이루기 위한 상담자의 환대와 다가섬의 과정이라 할 수 있다.

또한 성공적인 상담이 되기 위해서는 상담자와 내담자가 명확한 팀을 이루는 것이 중요하다. 이는 한국적 정서에서 '내(內)집단'을 의미하는 '우리'라는 경계 안에서 함께 만든 목표를 향해 나아가는 것을 뜻한다. 상담에서 '우리'라는 팀을 이루기 위해서는 상담자와 내담자의 상호 관계만이 아니라 이를 통해 상담에서의 규칙이나 의사소통 방식 등 서로에게 명료한 구조적 틀을 형성하는 것이 중요하다. 이러한 요소는 비록 상담자와 내담자 두 사람 사이에 관련되는 것이지만 좀 더 넓은 시각으로 보면 문화적 요인과도 관련이 있다. 이는 각자의 문화 특성을 서로 이해하고 둘 사이의 새로운 문화를 형성하는 과정이라 할 수 있기 때문이다. '우리마음 형성하기' 단계는 이와 같은 상담자와 내담자의 상호 관계 속에서 문화적인 공유를 이루어 가는 과정이다.

세계관 개념화

인간은 실존적 존재이기에 스스로 인식하지 못하더라도 삶에 있어서 자신의 세계관을 지니고 있다. 세계관은 개인 각자가 자신의 삶의 역사적 환경 속에서 나름대로 세상을 규정하며 살아가는 방식과 방향을 정하고, 환경이나 타인과의 관계에서 행동하는 자신만의 특성을 이끌어 가는 가치관적 틀이라 할 수 있다. 그러나 많은 경우 기능이나 역할적 존재 방식에 익숙해져 있는 사람들은 자신의 세계관이 만들어 내는 존재 방식에 대해 의식하지 못한 채 살아가고 있으며 이러한 현상은 심리적인 문제와도 깊은 연관을 맺고 있다.

실존통합심리상담에서 세계관에 대한 이해는 내담자의 총체적인 마음을 파악하는 매우 중요한 과정이다. 상담자는 내담자가 다양한 차원을 통해 복합적으로 이루어지는 삶의 현실에서 독특한 생존의 방식을 유지하고 있는 마음의 총체적 특성을 잘 이해할 수 있도록 도와야 한다. 인간의 마음에 영향을 주는 세계의 특성을 살펴보면 물리적 세계, 사회관계적 세계, 개인관계적 세계, 내면적 세계, 정신적(영적) 세계로 나누어 볼 수 있다. 이러한 세계 속에서 내담자는 주관적으로 형성하는 삶의 방식과 가치관인 세계관이라는 인생 안경을 만든다. 사람은 이러한 세계관적 안경을 통해 자신과 타인, 그리고 세상을 보게 되며, 삶의 방향키와 같은 역할을 부여한다. 특별히 우리나라에서 전통적으로 사용해 온 '마음보'라는 단어는 태어나서 성장하는 과정에서 형성된 세계관에 대한 내용과 기능을 담고 있다. 따라서 상담 현장에서 현재까지 형성되어 있는 내담자의 현재적 마음보를 파악하는 것은 곧 내담자의 세계관을 개념화하는 것이라 할 수 있다. 이러한 과정이 '옛마음보 파악하기'로서 접근하는 단계이다.

따라서 실존통합상담에서 상담자와 내담자가 함께 내담자

의 마음보를 이해하는 것은 매우 중요하다. 상담자는 내담자의 호소 문제와 어려움을 탐색하는 가운데에서도 드러나는 내담자의 현상적 정보를 통해 내담자의 총체적인 마음을 이해해야 한다. 총체적인 마음인 마음보는 마음의 특성만이 아니라 마음 씀씀이라는 기본적인 기능 차원을 포함한다. 따라서 마음보는 내담자의 실존적 삶을 이끌어 가는 전반적인 가치 체계로서 사고방식, 정서, 의지, 행동뿐만 아니라 대인관계의 형식까지도 모두 포함하는 것이다. 이를 통해 내담자의 실존적 특성에 따른 좀 더 구체적인 목표와 효과적인 전략이 도출될 수 있다.

실존적 대면과 재구성

실존적 인간의 가장 의미 있는 특성은 자신을 대면할 수 있는 존재라는 사실이다. 자신을 대면한다는 것은 단순히 자신에 대해 인식하는 것 이상을 의미한다. 자기대면은 인간이 자신의 내면을 직접적으로 경험할 수 있으며, 이를 바탕으로 자신을 성찰할 뿐만 아니라 선택할 수 있는 존재로서의 기본적인 특성이다.

실존적 대면은 정서적 접촉과 인지적 통찰, 그리고 행동적 패턴과 의미에 대한 의식 등이 동시에 통합적으로 일어나는 과정이다. 일반적으로 내담자는 자신과의 정서적 접촉을 통한 정서적 활성화를 기반으로 내면적 성찰이 일어나며 심층적인 자신에 대한 인식이 동시에 일어난다. 이를 위해 실존통합심리상 담자는 내담자의 현재적 한계 상황을 심층적으로 접촉할 수 있 도록 내담자에게 용기를 주며 함께 그 장면으로 들어가야 한 다. 비록 현재 안에서 의미 있게 자리 잡고 있는 과거 상황을 이해하는 것은 중요한 상담 작업 중 일부이지만 무엇보다도 현 재 내담자의 물리적·관계적 세계에 대한 특성과 내면적 차원 에 대한 현상을 구체화시키며 대면시켜야 하는 과정이다. 이 과정에서 상담자의 현상학적 안목을 통한 심리적 개입이 무엇 보다 중요하다. 이러한 상담자의 개입 과정이 '옛마음보 기경 하기' 단계이다.

실존적 인간은 자신의 한계 상황을 뛰어넘을 수 있는 초월 적 특성을 지니고 있다. 초월적 특성은 초자연적이고 자연 법 칙을 넘어서는 물리적 차원의 신비적 의미로서의 초월이 아니 다. 초월적 존재로서의 인간은 자신이 지니고 있는 독특한 정 신세계와 내면세계 차원에서 외부 상황에 대해 재구조(reframe) 하고 새로운 의미를 창출하는 것을 뜻한다. 또한 자신의 상황 에서 자신이 원하는 삶에 대해 응답하는 책임과 스스로 결정할 수 있는 선택을 말하는 것이다. 이러한 것은 내담자가 한계 상 황을 심층적으로 대면하는 과정에서 실존적 주체성을 인식할 때 비로소 경험할 수 있다.

실존적 존재인 인간은 과거의 인과 요인으로 인해 문제가

되기보다는 실제로 현재의 문제와 미래의 불투명으로 인해 고
통스러워한다. 상담자가 본래적 관계를 경험하고 한계 상황을
대면한 내담자에게 실존적 선택과 가치에 대한 미래적 삶을 위
한 개별적 주체성을 고양시키는 것은 매우 중요하다. 이를 통
해 내담자는 자신이 그동안 자신 안에 형성하고 있던 가치, 책
임, 이면적인 신념 등 정신(영)적 가치 체계에 대한 새로운 성
찰을 이룰 수 있다. 이는 실존통합심리상담에서 철학적 개입의
요소를 지니는 부분이다. '새마음보 형성하기'는 이러한 실존적
개입을 의미하며 좀 더 구체적인 특성은 극단적인 새로운 행동
과 대처이기보다는 조화로움이라는 것과 관련이 있다. 즉, 내
담자의 변화와 새로운 자기 선택은 조화와 균형을 갖추는 것으
로서 타인에 대한 모방이나 완전히 새로운 가치관으로의 전환
을 의미하는 것이 아니다. 그동안 삶의 과정에서 자신의 존재
적 중심을 보호하기 위해 폐쇄적이었던 시각과 삶의 중심이 기
울어져 있던 것을 성찰하고 자신의 미래적 삶에 대한 자각을
통해 새로운 조화를 이루도록 하는 것이다.

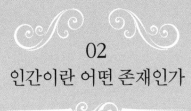

02
인간이란 어떤 존재인가

"인간은 삶의 의미와 가치를 스스로 만들 때
비로소 진정한 행복감을 느낀다."

-한재희-

'인간은 어떤 존재일까'에 대한 답을 명료하게 할 수 있는 사
람은 아무도 없을 것이다. 인간 존재는 매우 다양한 측면을 지
니고 있기 때문이다. 그러나 인간이 모든 다른 존재와 구별되
는 명확한 특징은 삶 속에서 스스로의 가치를 창출하고자 하며
자신의 존재에 대한 의식과 스스로 성찰할 수 있는 실존적 존
재라는 것이다. 실존적 존재로서의 인간은 스스로 존재감에 대
한 기본적인 물음을 지니며, 이를 달성하고 유지하기 위한 끊
임없는 투쟁을 한다. 인간 내면의 가장 핵심 요소인 존재감과
이와 관련된 심리적 문제, 존재감의 발달 과정과 함께 존재감
유지를 위한 인간 삶의 유형을 이해하는 것은 상담자에게 무엇
보다 중요하다.

인간 존재의 핵심 기반: 존재감과 심리적 문제

인간의 마음 내면에 자리 잡은 가장 핵심적인 욕구는 무엇
일까? 또한 인간이 살아가면서 가장 추구하는 것은 과연 무엇
일까? 무엇보다도 자신이 가치 있는 존재가 되고 싶은 것이라
생각된다. 가치 있는 존재와 가장 연관되는 다른 표현은 '존재
감'이다. 인간은 태어나면서부터 스스로 존재감을 얻기 위해
투쟁적 삶을 살아간다. 인간의 심리 문제 역시 이와 연관되어

나타난다고 볼 수 있다.

존재감은 단순히 자신이 어떤 지위나 관계적 위치 또는 사회경제적 능력과 연관된 것에 뿌리 내린 것이 아니다. 인간은 개별적 주체성과 본래적 관계성의 조화 속에서 자신이 어떤 존재인지에 대한 명확한 가치를 발견할 수 있다. 개별적 주체성과 본래적 관계성은 인간 실존의 양립할 수 없는 두 기둥이며 따라서 존재감은 실존이라는 바탕 위에 세워지는 건축물과 같은 것이다. 아무리 화려한 건축물이라도 튼튼한 기초를 제공하는 기둥이 없으면 쉽게 쓰러지고 부서진다. 인간이 자신의 존재를 드러내고자 화려한 건축물과 같이 삶 속에서 돈, 명예, 권력, 인기, 지위 등 여러 외적인 치장을 할지라도 정작 자신의 실존적 가치에 대한 기초가 없으면 여전히 불안하고 쉽게 무너진다. 결국 이러한 현상은 자신을 상실한 실존적 공허를 초래한다. 현대 우리 사회에서 사회적 성공을 이룬 것으로 알려진 많은 연예인과 유명세를 지닌 사람들의 약물중독과 자살, 불안과 우울 및 공황장애 등은 이와 같은 특성을 잘 드러내 준다. 일반적으로 현대인의 다양한 심리 현상과 문제의 뿌리 깊은 근원은 자신에 대한 진정한 실존적 존재감의 결핍과 깊은 연관이 있다.

존재감은 실존하는 인간의 내면 가장 깊이 있는 곳에 자리 잡은 기본 욕구이다. 따라서 인간은 본능적으로 자신의 가치를 드러내고 인정받기 위해 끊임없이 투쟁한다. 어떤 사람은 타인을 통제하고 지배함으로써 자신의 가치를 확인하며 존재감을 유지하고자 한다. 이와는 대조적으로 어떤 사람은 자신의 감정과 욕구는 무시한 채 타인의 욕구에만 민감하게 반응하며 순응함으로써 인정받는 관계를 통해 자신의 가치를 유지하기도 한다. 또는 자신의 역할과 기능, 그리고 소유를 통해 자신의 존재적 유용성을 드러내기도 한다.

일반적으로 개인이 존재감을 확보하고 유지하기 위해 자신의 가치를 평가하는 기준으로 삼는 것은 '소유가치'와 '효용가치' 그리고 '존재가치'를 통해서이다. 소유가치는 보석, 명품, 자동차, 재산, 신분, 지능 등 자신이 지니고 있는 물리적 세계의 요소들을 자신과 동일시하면서 얻는 자신에 대한 가치감이다. 효용가치는 주로 사회나 대인관계에서 자신의 역할이나 기능의 효능성을 통해 자신의 가치감을 얻고 유지하는 것을 의미한다. 이는 학교에서의 학업 성취, 기관이나 직장에서의 직위, 사회가 인정하는 전문가 자격이나 유능성, 가정에서의 역할 등과 관련하여 갖는 개인의 가치감이다.

반면 존재가치는 사회적 세계나 사적인 관계에서 또는 영적 세계나 개인의 내면적인 세계에서 어떤 조건과 결부되지 않고 자신의 존재 자체로 인해 갖는 가치감이다. 예를 들어, 어린아기는 엄마에게 어떤 조건이나 역할, 유능성과 상관없이 자녀라는 존재로 세상의 무엇보다도 소중하고 귀한 가치를 지닌다.
또한 어떤 기독교인은 세상에서의 어떤 역할이나 지위에 상관
없이 단지 자신이 하나님의 자녀이며 하나님의 관심과 돌봄이
있다는 신앙적 사실로 인해 스스로에 대한 가치감을 갖기도 한
다. 소유가치와 효용가치, 존재가치 이 세 가지 모두가 존재감
에 영향을 주지만 진정한 존재감은 무엇보다도 존재가치를 기
반으로 세워진다. 기본적으로 개인이 존재가치를 경험하지 못
할 때 효용가치와 소유가치를 통해 존재감을 유지하고자 한다.
그러나 존재가치에 기반하지 않은 존재감은 지속적인 내면적
불안과 두려움에 휩싸이게 되며, 실존적 존재로서의 삶에서 더
욱 멀어지게 만든다. 효용가치와 소유가치는 존재가치의 경험
위에 놓일 때 비로소 존재감에 유용한 요소가 될 수 있다.

　실제로 존재감은 소외라는 개념과도 연관이 깊다. 하이데
거는 인간을 세상 속에 피투된 존재, 즉 자신의 의지나 계획과
는 아무런 상관없이 내던져진 존재로 설명한다. 이는 기본적으
로 인간 자체가 소외를 안고 삶을 출발한다는 것을 나타내 주
는 것이다. 이러한 소외 현상은 보편적으로 실존주의 철학자들
에 의해 '실존적 소외' '대인소외' '자기소외'라는 세 가지 특성으
로 나뉜다.

　실존적 소외는 모든 인간이 삶 자체에서 지니는 소외 현상
이다. 인간이 아무리 개별적 주체성과 진정한 관계성의 조화

속에서 자신의 삶을 본래적으로 선택하며 살아가는 실존적인 삶이라 할지라도 인생 자체가 주는 한계와 허무함을 벗어날 수는 없다. 인간이 범접할 수 없는 웅대한 대자연 앞에서, 끊임없이 경이롭게 순환되는 계절의 변화 앞에서, 사랑하는 사람을 잃어야 하는 고통 앞에서, 자신의 삶을 마감해야 하는 죽음 앞에서, 수없이 인내해야 하는 삶의 문제와 고통 앞에서 어찌할 수 없는 소외와 고독을 느끼는 것은 매우 당연하다.

대인소외는 개인이 타인과의 관계와 연계해서 경험하는 소외 현상이다. 인간은 관계적 존재로서 태어나면서부터 관계 속에서 태어나며 관계 속에서 살아간다. 따라서 인간은 이 세상에 태어나는 순간부터 버림받음의 불안과 타인으로부터의 소외에서 벗어나려 생존의 방식을 익히며 몸부림친다. 타인에게 의존할 수밖에 없는 가장 나약한 순간들에서 존재가치를 경험하지 못하면 본능적으로 중요한 타인들에게 소외당하지 않기 위한 노력을 필사적으로 수행하게 된다. 이와 같은 현상은 개인이 자신의 내면적 욕구에 관심을 기울이고 표출하기보다는 타인의 기대를 채우고 인정받기 위해 몰입하도록 만든다. 이는 필연적으로 자신에 대한 존재가치를 상실한 채 오로지 효용가치를 통해 자신의 존재감을 세우려는 노력을 동반하게 된다. 이러한 과정에서 인간은 타인으로부터 배제되어 홀로 남겨지는 것에 대한 두려움과 관계 속에서의 외로움을 경험한다. 대인소외는 때때로 실존적 소외와 유사한 감정으로 느껴지지만 본질적인 측면에서는 다른 현상이라 할 수 있다. 실존적 소외와 대인소외를 더 이상 수용할 수 없거나 이로 인한 내면적 고통을 감당할 수 없을 때 인간은 자기소외라는 현상을 통해 자신의 존재를 유지해 나간다.

자기소외는 자기 자신을 스스로 소외시키는 것을 의미한다. 모든 인간은 각자가 창조주에게 부여받은 개성과 자신의 삶을 의미 있게 만들고 싶은 주체성을 가지고 있다. 그러나 존재가치를 부여해 주는 진정한 관계를 경험하지 못하게 될 때 타인에게 소외되지 않기 위해 자신의 주체성을 포기하게 된다. 인간은 관계 속에서 살아갈 수밖에 없기에 세상에서 버려진 존재로 살아가기보다는 자신의 주체성을 포기하는 것을 선택하기 쉽다. 또한 한계적 삶의 고통과 극심한 대인소외 속에서 살아갈 수밖에 없는 상황에서 자신에 대한 내면적 의식인 자기의식 자체를 차단한다. 이러한 현상이 자기소외의 원인이 되며 다양한 심리 증상을 유발한다. 따라서 자기소외는 비록 심리 증상을 일으키는 기본 뿌리가 되지만 한편으로는 세상 속에서 자기를 보호하기 위한 실존적 선택의 방편이기도 하다.

자기소외의 구체적인 현상은 여러 가지 심리 현상으로 나타난다. 흔히 나타나는 보편적 현상 중 하나가 이성으로부터 정서를 분리하여 자신의 감정을 느끼지 않고자 하는 것이다. 이

와 반대로 이성을 차단하여 상황에 따른 자신의 감정적 반응에
만 집중하기도 한다. 이러한 감정은 자신의 존재가치와 관련이
깊다. 자신의 존재가치가 위협받을 때 핵심적으로 드러나는 감
정은 분노와 불안이다. 분노 감정은 자신의 존재가치가 위협
당해 타인을 공격하고자 하는 외부로 표출되는 감정이며, 이와
반대로 불안은 자신의 존재가치가 위협 당할 때 자신의 내부적
으로 느껴지는 감정이다. 반면 자신의 존재가치가 훼손되고 손
실되었을 때 느끼는 대표적인 감정은 수치심이며, 존재가치에
대한 열망은 자존심으로 표출된다. 또한 자기소외는 비합리적
신념이나 인지 왜곡 또는 자신의 진정한 삶의 의미가 아닌 비
존재적인 가치에 매몰되어 살아가도록 만든다.

　자기소외 현상은 대인관계에도 영향을 주어 자신의 주체성
을 상실하고 타인에게 융합하고자 하는 의존적 관계나 타인을
지나치게 통제하려는 방식, 또는 타인과의 관계를 차단한 채
고립적인 삶의 방식을 고집하기도 한다. 결국 인간은 자신의
존재감을 유지하기 위한 끊임없는 갈망 속에서 타인과의 관계
방식을 설정하거나 실존적 존재로서의 자신을 포기함으로써
삶의 무기력감이나 공허에 빠지게 되, 이러한 요소는 우울증이
나 자살, 분노조절장애, 공황장애, 성격장애 등의 심리적 문제
나 증상을 일으키기도 한다.

존재감 발달 과정

출생과 관련해서 인간의 신체적인 탄생은 아기가 엄마로 부터 탯줄이 끊어지는 순간 온전하게 이루어지는 분명한 경계를 지닌다. 그러나 심리적인 탄생은 경계가 매우 모호하다. 출생 초기에는 자신을 양육하는 부모 및 가족과의 상호작용을 시작으로 서서히 이루어지며, 이후 삶에서의 수많은 상황과 경험 속에서 성숙한 모습으로 완성되어 간다. 심리 발달의 과정에서 무엇보다도 인간은 실존적 존재로서 자신의 삶에 대한 스스로의 존재적 가치와 의미를 추구하며 자기 삶을 주체적으로 살아가기를 갈망한다. 따라서 모든 인간은 자신이 인식하든지 그렇지 못하든지 간에 '내가 누구인가(Who am I?)'라는 가장 기본적인 질문을 스스로에게 던지며 살아간다. 이러한 질문은 단순히 자신을 소개하는 외부적인 특성이 아니라 '자신이 얼마나 가치 있는 존재인지'에 대한 물음이다. 인간은 무엇보다 스스로에게 가치 있고 싶어 하며, 자신의 가치 평가에 대해 느끼고 인식하는 기본적인 마음이 존재감이다.

자신에 대한 통합적인 존재감이 형성되기 위해서는 인간의 성장 과정에서 경험하는 여러 가지 존재감의 측면이 복합적으로 작용한다. 이는 발달 과정에서 각 단계마다 자신의 존재가치를 경험하게 만드는 자원이기도 하지만 이전 발달단계에서

경험하지 못한 요인을 회복하고자 추구하는 방편이 되기도 한
다. 삶의 과정에서 나타나는 단계별 존재감의 특성을 살펴보면
다음과 같다. 그러나 이러한 단계는 단순히 계단식으로 상향하
면서 사라지는 것이 아니라 마치 건물처럼 쌓여 올라가는 일종
의 영역과 같은 것이라 할 수 있다.

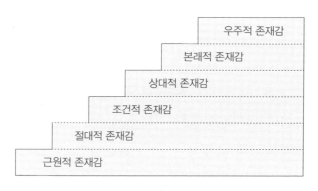

[그림 2-1] 존재감의 발달 과정

근원적 존재감

인간이 처음 탄생했을 때 자신에 대한 인식이나 심리 상태
는 어느 누구도 정확히 알 수 없다. 세상에 피투된 존재로서 출
생의 가장 초기에는 의식적 작용이나 자신에 대한 존재감 자체
가 아직 발현되지 않고 있는 상태이다. 여러 심리학자의 관찰
과 연구를 통해 신생아는 자기와 환경 또는 타인 간의 구분과

심리적 경계에 대한 자각이 없는 심리적 폐쇄 상태로 자기 안에 몰입되어 있고 본능적인 생리적 활동에 대한 쾌 또는 불쾌의 원초적인 정동적(affective) 상태라는 추측을 할 수 있다. 그러나 유아가 심리적 폐쇄 상태에 있을지라도 이미 세상과 교감할 수 있는 능력을 가지고 있다. 한 예로, 신생아가 자신이 태아였을 때 들었던 언어에 반응한다든지 또는 두 종류의 서로 다른 언어로 태교를 한 경우 두 언어 모두에 반응을 한다는 사실은 이를 잘 뒷받침한다.

인간은 누구나 독특하고 고유한 존재로 태어난다. 비록 자신의 의지와 상관없이 세상에 던져진 존재이지만 그 나름의 삶의 의미와 목적에 대한 신적인 섭리와 존재가치가 씨앗처럼 담겨 있다. 존재적 가치는 아직 발현되지 않은 상태이지만 실존적 존재로서 자신의 가능성을 품고 있는 상태를 근원적 존재감이라 할 수 있다.

절대적 존재감

근원적 존재감이 진정한 존재감으로 발현되기 위해서는 무엇보다도 지구상에 존재한다는 그 자체만으로 충분하고 충만한 가치감을 체험하는 과정이 필요하다. 유아는 생존하기 위해 생리적으로 온전히 타인을 의지해야만 한다. 그가 할 수 있는 일이라고는 단지 울고 웃으며 가녀린 손짓과 발짓을 하는 일이

다. 그러나 유아는 비록 가장 미약한 의존적 존재로서 타인이
보살펴 주는 은총으로 생존할 수밖에 없는 상태이지만, 일반적
으로 양육자와의 관계에서 어떤 조건에 상관없이 절대적인 존
재감을 경험한다. 이는 마치 우주 전체가 자신을 중심으로 회
전하고 있으며 온 만물이 자신의 존재를 떠받들고 있는 듯한
환상에 있는 것이다. 비록 한시적이지만 이러한 절대적 존재가
치에 대한 체험은 추후 자신의 존재감에 대한 매우 중요한 심
리적 기반을 형성한다.

절대적 존재감은 마치 계란에서 정란(汀蘭)과도 같다. 암탉
이 계란을 품어 병아리로 부화시키는 데 정란의 유무는 생명체
로의 탄생에 가장 중요한 요인이다. 계란에 정란이 없다면 아
무리 품어도 생명체로 탄생하지 못한다. 인간의 심리 현상에서
도 절대적 존재감에 대한 경험은 매우 중요하다. 내담자가 이
러한 경험이 없는 경우 상담자는 무엇보다도 심리적인 차원에
서 내담자의 내면적 세계에 대한 존중과 수용적 상호작용에 훨
씬 많은 심혈을 기울여야 한다. 이는 내담자의 변화를 위해 심
리적인 정란을 생성하는 과정이기 때문이다.

조건적 존재감

인간은 초기 유아 상태를 벗어나면서 자신이 주도적으로 신
체 활동을 실행하며 주변 환경과의 관계에서 자신을 인식하기

시작한다. 이와 동시에 아이는 서서히 자신의 모습에 대한 자의식을 갖게 된다. 자의식은 자신에 대한 절대적 가치에 대해 의심을 갖게 만들며 새로운 가치감에 눈을 뜨게 한다. 이는 자신의 효용가치에 대한 기본적인 과정으로, 타인에게 관심을 받을 수 있는 존재로서 갖게 되는 가치감이다. 아이는 때때로 중요한 타인을 기쁘고 즐겁게 해 줌으로써 자신의 효용성을 증명해 보이려 하고 이를 통해 자신의 가치감을 유지하려고 한다. 그러나 실제로 이러한 과정에서 자의식은 자연스럽게 자신에 대한 수치심을 만들게 된다. 이는 마치 인간의 창조와 관련된 성경 이야기에 나오는 에덴에서의 모습과 유사한 부분이다.

인간 창조와 관련된 이야기가 기록된 성경의 창세기에서 인간은 범죄 이전의 상태에서 창조주와 함께하는 절대적 존재감의 상태였다. 이는 창조주와 인간, 그리고 자연세계가 조화와 화목을 이루는 평온과 기쁨 그 자체의 세계였다. 그러나 인간이 창조주의 명령을 어기고 죄를 범하였을 때 곧바로 자의식을 갖게 되었고, 이로 인해 가장 먼저 자신이 벗고 있는 모습에 대한 수치심을 갖게 되었다. 자신의 몸을 가리기 위해 인간은 스스로 무화과나무 잎으로 치마를 만들어 입게 되었다. 심리 차원에서도 인간은 끊임없이 자신의 약함과 수치를 가리고 타인에게 쓸모 있는 존재로 보이기 위해 필사적으로 노력한다. 이러한 과정이 조건적 존재감의 형성 과정이고, 이는 절대적 존

재감의 기반 위에 형성될 때 비로소 자신에 대한 존재감으로
견고해진다. 만일 절대적 존재감을 경험하지 못하고 자신의 존
재가치에 대해 신뢰하지 못한다면 타인으로부터 소외되지 않
으려는 마음으로 인해 더욱 자신의 효용가치에 매달리게 된다.
조건적 존재감만을 통해 형성된 사람은 상시적 불안감에 휩싸
이며 주체성을 형성하기 어렵다.

상대적 존재감

　발달 초기에 인간은 양육자와 가족의 울타리 내에서 성장하
며 이는 매우 개인적인 관계를 통해서 이루어진다. 그러나 유
년기 이후 인간 발달은 자연스럽게 사회적 관계라는 더 넓은
세계가 발달 과정에 포함되면서 형성된다. 사회적 관계 속에서
일반적으로 인간의 자신에 대한 평가는 타인과의 비교 속에서
쉽게 이루어진다. 따라서 타인보다 우월적 위치를 차지하고자
하는 욕구가 삶의 전면에서 인생의 방향을 지배하게 된다. 인
간이 지닌 권력에의 의지는 기본적 욕구 중 하나로서 단지 사
회적 관계에서만이 아니라 가장 기본적인 조직인 가족 내에서
도 흔히 나타난다. 이는 권력을 통해 자신의 존재감을 확인하
고 유지하려는 본능적인 과정이라 할 수 있다.
　상대적 존재감은 통상적으로 그 사회에서 가치 있는 것으로
여기는 재능, 학벌, 재력, 권력, 미모, 가문 등을 소유함으로써

자신의 존재가치를 유지하려는 것을 의미한다. 현대사회에서 소유가치는 대부분의 사람이 추구하는 삶의 목표이다. 그러나 인간 삶에서 소유가치에 대한 추구는 기본적으로 열등감이라는 그림자와 같은 부산물을 만들어 낸다. 물론 열등감이 또 다시 자신의 목표를 성취하고자 하는 동력으로 활용되기도 하지만, 때로는 열등 콤플렉스의 나락으로 빠져들게 만들어 자신을 비하하고 심리 문제를 일으키는 요인으로 작용한다. 상대적 존재감 역시 소유가치가 아닌 존재가치의 토대 위에 쌓일 때 진정한 자신에 대한 존재감으로 응집될 수 있다.

본래적 존재감

본래적인 된다는 의미는 인간 자신이 실존적 주체성을 지닌다는 것이다. 이는 무엇보다도 자신의 삶에 대한 책임성을 자각하는 것이다. 자신이 진정으로 원하는 삶을 숙고하고 이에 대해 부응해 나가는 삶의 방식을 의미한다. 그러나 이러한 주체성은 독불장군이나 유아독존식의 주체성이 아니다. 이는 앞장에서 밝혔듯이 실존이 갖는 두 개념, 즉 고유한 주체성과 진정한 관계성의 조화로운 삶의 형태를 의미한다. 본래적 존재감은 효용가치나 소유가치에 근거하기보다는 자신의 존재가치에 뿌리를 내리는 동시에 상호 주관적인 관계성을 바탕으로 한 존재감이다. 이는 스스로의 삶에 대한 주체적인 존재감이 형성되어 있을 뿐만 아니라 다른 사람과의 관계 속에서 진정으로 함께 교류하며 다른 사람의 존재가치를 인식하고 발현시켜 주는 존재감이다.

그러나 본래적 존재감은 단순하게 삶의 과정에서 자연스럽게 얻어지는 것이 아니다. 본래적 존재감의 형성은 무엇보다도 삶의 폭풍우 앞에서 진정한 자신을 대면하는 과정을 통해서만 얻을 수 있다. 이는 불안과 두려움 속에서도 자신의 삶 속에서 드러나는 한계를 직시하는 용기, 그 한계 상황에서 발생하는 인생의 딜레마에 대한 성찰과 인내, 그리고 자신이 진정으로 살기 원하는 삶의 방식을 수용할 수 있는 선택 등 삶에 대한 실존적 과업을 통해서만 이루어질 수 있다.

우주적 존재감

인간은 한계 상황에서 존재한다. 일반적으로 죽음이나 고통은 모든 인간에게 적용되는 한계 상황의 가장 핵심이다. 불교에서는 인생이 지닌 팔고(八苦)를 피할 수 없는 한계적 고통으로 이해한다. 이는 생고(生苦, 태어남의 고통), 노고(老苦, 늙어감의 고통), 병고(病苦, 병드는 것의 고통), 사고(死苦, 죽어감의 고통), 애별이고(愛別離苦, 사랑하는 사람과 헤어지는 고통), 원증회고(怨憎會苦, 미워하는 사람과 만나야 하는 고통), 구부득고(求不得苦, 얻고자 해도 얻지 못하는 고통), 오온성고(五蘊盛苦, 육신의 쾌락을 쫓는 고통)이다. 성경의 전도서에서는 세월의 개념에서 보는 인생은 "헛되고 헛되니 모든 것이 헛되도다."라고 하면서 "내 손으로 한 모든 일과 수고한 모든 수고가 다 헛되어 바람을 잡으려는 것이며 해 아래 무익한 것이로다."라고 기록하고 있다. 이 역시 인생의 한계 상황을 명료하게 말해 주는 것이다. 인간은 물리적 세계의 측면에서 볼 때 종국적으로 존재에 대한 허무함을 느낄 수밖에 없다.

그러나 실존적인 관점에서 볼 때 인간은 물리적 세계를 초월하는 또 다른 세계를 살고 있는 존재이다. 이는 정신적 차원 또는 영적 차원의 세계이다. 영적 차원의 세계에서 인간은 자신의 삶이 궁극적 의미와 연결되기를 소망하며, 공동체적인 존재로서 삶의 지평을 넓혀 나가는 것을 지향한다. 앞서 설명한 본래적 존재감을 지닌 사람은 자신의 삶에서 추구하는 가치와 목적, 그리고 의미가 주체적이며 분명하다. 그러나 우주적 존재감은 개인의 차원을 넘어서서 창조자 혹은 절대자의 시각에서 인류애적인 삶의 태도를 지니며, 궁극적 의미를 향한 삶의 목적을 품고 있다. 이는 절대자의 위치에 올라서거나 신의 입장이 되는 것이 아니라 인류를 위한 신의 섭리에 참여하는 자세로서 지니는 존재감이다. 이러한 존재감은 자신의 삶이나 인류에 대한 관점 자체가 새로운 조망을 통해 확장되고 새로운 틀이 형성되는 초월적인 차원을 지닌다. 이는 마치 우주인이 지구에서 벗어나 우주에서 푸른색의 아름다운 지구를 조망하는 과정에서 환경과 생명 존중에 대한 새로운 가치관이 발생하는 것과 유사하다. 또는 삶의 궁극적 의미를 추구하는 신앙인이 초월적인 깊은 영적 체험 속에서 자신과 삶에 대한 새로운 세계관에 대해 열리는 것과 같다. 이웃과 타인, 생명과 지구에 대해 기꺼이 헌신하며 인류애적 사랑을 실천한 성자들의 삶이 보여 주는 영적인 존재가치가 바로 우주적 존재감의 발현인 것이다.

삶의 태도에 대한 기본 유형

사람은 살아가는 과정에서 자신만의 독특한 삶의 태도를 조성한다. 물론 삶의 태도가 고정적인 것은 아니며 상황이나 의지에 따라 변화되지만, 어느 정도는 자신도 의식하지 못한 채 삶 속에서 일정한 방식을 유지한다. 삶의 태도는 삶의 목표와 의미를 이루는 과정이기도 하며, 살아가는 과정에서 일상적 삶의 방식과 대인관계에 대한 자신의 특성을 드러내기도 한다. 그러면 사람의 마음에서 어떤 내면적 요인들이 삶의 태도를 형성하도록 만드는 것일까? 전술한 바와 같이 인간의 내면에서 본능적으로 추구하는 가장 기본적인 가치와 욕구는 바로 존재감을 갖는 것이다. 삶에서 존재감은 자신이 스스로에게 갖는 존재가치, 효용가치, 소유가치 등을 통해 응집적으로 형성되지만 기본적으로 존재가치를 기반으로 해야 한다. 그렇지 않으면 결코 안전한 존재감을 유지할 수 없다.

　근본적으로 진정한 존재감은 존재가치를 핵심으로 한 실존적 삶을 구축해 나갈 때 가능해진다. 따라서 삶의 태도를 형성하는 가장 중요한 요인은 존재감을 위한 실존적 삶을 구성하는 개별성과 관계성의 특성에 따른 조화를 통해 이루어지는 것이다. 사람이 삶 속에서 갖는 개별성과 관계성도 각각 다른 특색을 지니고 있다. 이들의 복합적인 특성에 따라 인간 삶에서 드러나는 주요한 삶의 태도에 대한 유형을 살펴보면 다음 네 가지로 대별할 수 있다. 이러한 유형 구분은 상담자의 이해와 시각을 돕기 위한 것일 뿐, 결코 내담자를 유형의 특성 속으로 함몰시켜서는 안 된다. 상담자는 무엇보다도 내담자의 독특한 존재적 성향에 대해 현상학적 시각으로 바라보고 이해할 수 있어야 한다.

의존적 유형

　의존적인 삶의 태도를 지닌 사람은 무엇보다도 자신만의 고유한 개별적 주체성이 충분히 발달하지 못한 특성을 지니고 있다. 이들은 자신의 고유한 개별성이 온전히 발달하지 못한 결

과로 인해 타인과의 본래적 관계를 형성하지 못하게 된다. 이
러한 유형은 주로 자신에 대한 주체성을 타인의 평가나 시각에
내맡기는 경향이 있어서 '융합적 주체성(convergence identity)'의
특성을 지닌다. 융합은 서로 다른 종류의 것이 녹아 하나가 되
어 서로의 구별과 경계가 없어지는 것을 의미한다. 따라서 이
유형은 타인과의 관계를 매우 지향하기는 하지만, 관계 맺음의
방식에서 '나와 너'의 진정성 있는 방식이기보다는 '그것-너',
즉 자신을 사물화시키는 방식의 비본래적 관계를 형성한다.

관계에서의 일반적인 특성은 외적으로 볼 때 순응적이고 친
화를 추구하며 타인에게 의존하는 경향을 드러낸다. 타인이 보
기에 도덕적이며 완벽을 추구하는 충실한 모습을 보인다. 그러
나 내면적으로는 조건적 존재감으로 인해 불안이 있고, 타인에
게 상처받거나 이용당할 것이 두려워 타인과 거리를 두고 경계
를 늦추지 않는다. 또한 타인들의 평가와 비난에 과민한 태도
를 보이며, 공평하지 못한 것에 예민하며, 긍정적인 면보다 부
정적인 측면에 더 많은 에너지를 두는 경향이 있다.

실존통합상담자는 초기 상담 장면에서 특별히 내담자의 불
안에 대해 인식해야 한다. 상담자는 내담자가 가져온 문제 자
체보다도 상담실 내에서의 상담 관계에 좀 더 집중할 필요가
있으며 지나친 탐색과 내담자에 대한 평가를 위해 성급하게 다
가서지 말아야 한다. 또한 상담 초기에 조언이나 교육, 해결책

제시, 해석 등으로 내담자와 의존적 관계 구조가 되지 않도록 유의해야 한다. 상담자와의 상호작용을 통해 상담 자체가 내담자의 주체성에 대한 경험의 장이 되도록 해야 한다.

역할적 유형

역할적인 삶의 태도를 지닌 사람들의 기본 특징은 삶의 현장에서 본래적 관계성에 대한 경험이 충분치 못한 것이다. 이러한 유형에서 나타나는 삶의 태도는 매우 성취지향적이며 자율적 특성을 지니고 있다. 이들은 자신의 능력을 향상시키는 데 많은 노력과 관심을 두며 중요한 타인들과도 개인적 관계 세계가 아닌 사회적 관계 세계에서만 교류하는 경향이 있다. 따라서 외현적으로 보기에 자신의 견해가 매우 뚜렷하고 그것을 명확히 표출하는 주체적인 모습으로 보이지만 실제로는 자신의 내면세계에 대해서는 다소 무지한 채 사회적 역할을 통해 자신의 삶의 의미를 확립시키고자 하는 '기능적 주체성(functional identity)'의 특성을 지닌다.

역할적 삶의 태도는 주로 상대적 존재감에 뿌리내리고 있으며 무엇보다도 효용가치나 소유가치가 존재감을 형성하는 자원이라고 생각한다. 따라서 이 유형은 타인과의 관계 방식에서도 효율성을 지향해 관계 맺음의 방식에서 '나-그것', 즉 타인을 사물화시키는 방식의 비본래적 관계를 형성한다. 관계에서 객관적이고 합리성을 추구하고 리더십이 있지만 어떤 경우는 과도한 자기확신으로 자기중심적이고 일방적인 경향을 드러내기도 한다. 따라서 이들은 자신의 역할과 공동체에서의 지위에 따른 기능적인 활동에 비해 타인과의 협력을 통한 상호 이해나 존중을 바탕으로 한 친밀한 관계에서 미숙함이 나타날 수 있는 유형이다.

실존통합상담자는 이러한 유형의 내담자와 사회적 관계에서 시작되는 상담 초기 과정에서 내담자와의 개인적 관계 세계로 초대받도록 노력해야 한다. 이를 위해 상담자는 내담자가 상담자와의 관계에서 본래적 관계를 체험할 수 있도록 이끌어 주어야 한다. 상담자가 내담자와의 관계에서 경험하는 내면에 대해 유익한 수준에서의 진정성 있는 개방과 사건의 내용보다는 그 안에 배어 있는 내담자의 마음을 이해하고 수용하는 관계적 모델링이 중요하다. 내담자는 자신의 내면이나 감정에 대해 잘 이해하지 못하고 추상적인 개념이나 사실적인 내용으로 상담에서 토론하는 경향도 있다. 따라서 상담자는 내담자가 표출하는 내용에서 외부적인 내용에 얽히기보다는 상황을 잘 요약하면서도 내담자의 마음을 이해하고 내담자의 내면세계로 다리를 놓을 수 있어야 한다.

회피적 유형

회피적인 삶의 태도를 지닌 사람들은 자신의 주체성과 타인
과의 관계성 모두가 발달하지 못한 특성을 지닌다. 이러한 유
형은 주로 타인과의 상호 교류나 친밀한 관계를 위한 접촉에서
멀리 떨어져 있는 '고립적 주체성(isolated identity)'의 특성을 지
닌다. 이들은 비록 마음의 깊은 곳에서는 친밀함을 갈망하지만
자신의 존재감에 대한 확신이 부족하거나 관계에 대한 부정적
인 경험으로 인해 관계 맺음 자체를 하지 않으려 한다. 절대적
존재감에 대한 경험뿐만 아니라 조건적 존재감이나 상대적 존
재감에 대한 긍정적 경험의 기반조차도 없을 때 관계로부터 스
스로 고립되며 자신의 존재가치 자체를 방임하는 경향을 드러
낸다. 따라서 관계 맺음의 방식에서도 '그것-그것', 즉 자신과
타인 모두를 사물화시키는 방식의 비본래적 관계를 형성하게
된다.

일반적으로 이러한 삶의 태도를 가진 사람은 외로움과 공허
감을 느끼며, 의기소침한 정서적 특징으로 인해 자기파괴적이
거나 자기패배적인 생각과 활동에 함몰되기 쉽다. 타인과의 관
계에서는 자신이 소외되었다고 느끼며 다른 사람들에 대한 분
노를 내재화시키며, 타인의 생각과 기분을 이해하거나 알아채
는 것이 어렵다. 이로 인해 상대방이 자신에게 호감을 가져 주
기를 원하면서도 그러한 호감이 낯설뿐만 아니라 동시에 상처

받을 것이 두려워 상대방을 밀어내기도 한다. 즉, 타인을 이해하거나 신뢰하는 것이 쉽지 않아서 친밀한 사람들과 함께 있어도 내면에서는 이유를 알 수 없는 단절감을 느끼기도 한다. 비록 타인에 대한 신뢰감을 갖게 된 경우에도 타인에게 영향을 받는 것에 대한 두려움과 쉽게 분노함으로 인해 거리를 두고 감정을 차단하는 경향을 보이기도 한다.

실존통합상담자는 무엇보다도 상담자와의 관계 속에서 내담자 스스로가 느끼는 소외감과 관계 속에서의 회피적 특성을 인식해야 한다. 이러한 유형의 내담자는 상담자에 대해 마음을 열거나 친밀해지는 것은 두렵고 어려운 일로 여긴다. 또한 상담자와의 관계에 대한 신뢰감이 매우 낮아 상담에 헌신하는 관계로 발전하기가 다른 내담자들보다 더욱 어려울 수 있다. 따라서 상담자는 무엇보다도 상담실 안에서 내담자 스스로가 자신의 존재적 가치감을 경험할 수 있도록 하는 방안을 강구해야 한다. 한 예로, 내담자의 내면적 감정이나 생각, 관계에서의 특성을 탐색하기보다는 내담자가 쉽게 설명하고 표출할 수 있는 익숙한 상황에 대한 주제로 시작하는 것이다. 또한 상담자 자신이 상담 관계에서 유용성 있는 진솔한 개방을 통해 모델링이 되어 주는 것은 매우 중요하다. 상담자가 내담자의 대인관계적 특성이나 증상처럼 보이는 문제 현상에 대한 초점보다는 내담자에 대한 존중과 함께 상담실 안에서의 마음을 있는 그대로 인정하고 수용하는 과정이 필요하다. 단, 일방적인 존중이나 수용이 아닌 대인관계적 모델로서 상호주관적(intersubjective)인 만남으로 이루어져야 한다. 이런 관계적 만남을 통해 내담자는 상담실 내에서 서서히 절대적 존재감을 경험하게 되며, 이러한 관계적 경험이 씨앗이 되어 내담자 자신의 내면과 세계관을 탐색하는 자원이 될 수 있다.

실존적 유형

실존적인 삶의 태도를 지닌 사람들은 자신의 고유한 개별적인 주체성과 타인과의 관계성 모두가 발달한 유형이다. 이러한 유형의 특성은 무엇보다도 자신의 세계관과 가치를 이해하고 수용하며 기꺼이 타인에게 개방할 수 있는 '진정한 주체성(authentic identity)'을 지니는 것이다. 이들은 자신의 정체감이나 고유성을 잃지 않고 또한 자신의 가치관이나 특성을 강요하지 않으면서도 타인과 친밀한 관계를 누리며 두려움 없이 깊은 친밀감을 누린다. 이러한 삶의 태도는 무엇보다도 자신의 존재에 대한 가치를 존재가치에 뿌리 내리고 있는 절대적 존재감을 기반으로 한다. 또한 이러한 삶의 태도적 유형은 타인을 신뢰하며 타인의 상황에서 이해하고 수용하는 타인조망적 시각을 가진다. 따라서 관계 맺음의 방식에서도 타인에 대한 환대와 상대방과 인격적 상호작용을 할 수 있는 '나-너', 즉 자신과 타인 모두를 인격적으로 바라보고 교류하는 본래적 관계를 형성한다.

실존적 유형은 단지 자신과 미래에 대한 긍정적이고 낙관적인 생각이나 삶의 태도를 의미하는 것이 아니다. 이들의 삶의 태도는 자기실현 가능성에 대한 막연한 믿음을 신봉하는 것이 아니라, 자신의 삶에서 상황적 경계와 한계를 분명히 인식하고 수용하면서도 자신이 원하는 삶을 선택하는 자율적 특성을 지닌 것을 뜻한다. 자신이 지닌 삶에서의 독특한 의미와 개별성에 대한 이해와 타인들의 삶의 방식에 대한 존중이 함께 이루어진다. 물론 이러한 특성이 삶에서 항상 일관적이거나 흔들림 없이 견고한 것은 아니다. 기본적으로 매우 성숙한 실존적 삶의 태도를 지닌 사람이라 할지라도 일상에서 끊임없이 부딪치는 한계 상황으로 고민하고 갈등할 수밖에 없으며 침체되기도 한다.

상담 현장에서 이러한 유형의 사람들을 만날 때는 이들이 주로 위기 상황에서 자신의 가치관에 혼란이 찾아오거나 한계적 현실에서의 선택이 어려운 경우이다. 실존통합심리상담자는 무엇보다도 이들의 현실 앞에 놓여 있는 한계 상황을 명확히 대면하도록 도울 수 있어야 한다. 이와 함께 상담자는 이들이 지니고 있는 세계관적 개념화를 명료화하여 자신의 삶에서 가치 있게 여기는 것에 부합하는 방향에서의 유연성 있는 선택과 삶의 재정립을 도와야 한다.

03
상담자는 어떤 존재인가

"상담자는 흐려진 삶의 창을 닦아 주는
마음의 안과 의사이다."

-한재희-

실존통합심리상담에서 내담자의 변화와 성장을 위한 가장 중요한 개입적 도구는 상담자 자신이다. 상담자 자신이 치료적 도구이자 치료적 모델인 것이다. 실존통합심리상담에서 상담자의 핵심 역할은 내담자가 상담 현장에서 현재 이 순간의 진정한 관계를 경험하도록 의사소통과 상호작용의 모델이 되는 것이다. 이를 통해 내담자가 존재가치에 입각한 자신의 주체성을 증진시키며 현재 상황에 초점을 두고, 있는 그대로의 세상과 환경을 볼 수 있는 안목을 넓히고 실존적 선택을 할 수 있도록 도와주는 데 있다. 이러한 과정에서 실존통합심리상담자는 크게 다음과 같은 역할을 수행한다.

- 내담자가 진정한 관계를 경험토록 하는 상호주관적 관계의 모델
- 내담자가 자신의 세계관을 성찰할 수 있도록 돕는 촉진자
- 내담자가 자신과 한계 상황을 대면할 수 있도록 돕는 격려자
- 내담자가 진정한 삶에 대한 눈을 열 수 있도록 돕는 안내자

내담자가 진정한 관계를 경험토록 하는
상호주관적 관계의 모델

만남에 대한 인간 실존의 관계 방식은 실존주의 철학자뿐만 아니라 상담자에게도 매우 중요한 주제이다. 인간 실존의 관계 방식에서 '나와 너'의 관계를 강조한 마틴 부버와 유사한 개념으로 야스퍼스는 인간 실존의 만남을 본래적 만남과 비본래적 만남으로 구분하며, 인간은 본래적 만남을 통해서 내면적 성장을 이룰 수 있다는 사실을 명료하게 설명하고 있다. 본래적 만남은 진솔한 만남을 의미한다. 실제로 인간의 변화와 성장은 가면적 만남이나 일방적 만남이 아닌 진솔성이 기반이 된 만남을 통해서 가능하다. 일반적으로 인간 자신의 변화와 성장을 위해 비전과 꿈을 가질 것을 강조한다. 분명히 한 개인이 비전과 꿈, 야망을 갖게 되면 자신의 삶에 열정이 생기고 스스로 변화를 보이게 된다. 그러나 한 개인의 꿈과 야망이 타인을 변화시킬 수는 없다. 때때로 부모의 자식을 향한 꿈이나 야망으로 많은 젊은이들이 진정한 자신을 잃는 절망과 내면적 갈등을 겪기도 한다. 그러나 자녀의 마음을 이해하면서 나누는 부모의 진솔한 마음은 자녀를 변화시키는 중요한 힘이 된다.

실존통합적 상담자는 상담실에서 내담자의 내면 상황에 대한 개방적 마음과 서로의 심정에 대해 상호작용하는 관계로서 진정한 '너와 나'의 관계를 형성해 가는 사람이라 할 수 있다. 현대의 실증주의를 비판하며 인문주의의 중요성을 강조한 가다머(H. G. Gadamer)는 '나와 너'의 관계가 단계적으로 심화되어 가는 과정에 대해 설명하였다.

　가장 피상적인 관계로서 너라는 상대방은 나의 주관적인 경험 세계에서 볼 때 하나의 대상에 불과하다. 이는 자신의 선입견으로 상대방을 관찰하고 대하는 것을 의미한다. 상담으로 볼 때 상담자가 내담자를 그저 문제를 해결해 주거나 고쳐야 할 대상으로 삼는 것과 같다. 따라서 자연스럽게 상담자가 내담자를 만날 때 자신의 이론적 시각이나 문제적 탐색의 대상으로 여기며 내담자는 그저 고침 받을 대상으로 환자적 입장에서 상담자를 의존하게 되는 것과 유사하다.

　좀 더 깊이 있는 관계로 상대방이 나와는 다른 것을 인정하지만 여전히 상대방을 수용하기보다는 서로 자기의 관점에서만 상대방을 바라보고 있는 것이다. 이러한 관계는 자칫 대립과 갈등을 낳을 수도 있으며 서로 상호작용하기 어려울 수 있다. 상담에서 상담자가 내담자의 내면적 관점과 삶의 역사적 관점에서 교류하기보다는 내담자의 삶에 대한 각자의 해석과 분석으로, 그리고 각자의 다른 욕구로 인해 갈등하거나 단절되는 것과 유사하다.

　그러나 진정한 의미의 관계는 상대방에 대한 개방성을 전제로 하는 것으로, 서로가 다름을 인정하고 수용하여 상호 교류를 이루는 것이다. 이러한 상호적 관계를 레비나스(E. Levinas)는 만남의 상호주관적 관계로서 설명하고 있다. 이러한 개념을 통해 타인은 나의 틀 속에 집어넣을 수 없는 대상이며 지배 구조가 아닌 상호적 섬김의 관계에서 타인과 소통할 때 비로소 진정한 만남과 성장이 이루어지는 것이다. 상호주관성은 단지 어떤 상황에 대한 각자의 주관적인 세계에 몰입되어 있는 상태가 아니다. 이는 각자의 주관적 의미나 현상을 초월하여 서로 간의 공통적인 것을 만들어 가며 상황에 대한 공유된 인식으로 나아가는 것을 의미한다. 레비나스는 상호주관적 관계를 '환대'로서의 상호적 주체성으로 설명한다. 즉, 상호적 주체성은 상대방을 나의 내면적 틀에 맞추어 이해하는 대상이 아닌, 열린 마음으로 상대방을 나의 마음 안에 받아들이고 인격적 관계를 형성할 때 이루어지는 것이다. 이러한 열린 감성은 거절과 상처 받는 것에 대한 용기가 필요하며 일방적이거나 지배적 구조가 아닌 상호 섬김의 관계에서 상대방과 상호작용할 때 가능하다.

이를 위해 상담자의 상호 공감(interpathy)적 역량이 무엇보다도 중요하다. 상호 공감적 역량이란 둘 사이에서 어느 한 사람이 자신의 상황이나 감정을 소외시키거나 상실하지 않으면서도 상대방의 마음속 깊이 들어가 그 사람의 시각으로 볼 수 있고, 또한 자신에게로 돌아올 수 있는 능력을 의미한다. 상담에서 상호주관성은 내담자에 대한 환대로서, 상호적 주체성이 있어야 한다. 즉, 단순히 내담자에 대한 문제해결자이거나 분석가이기보다는 상담자 자신도 상호적 관계에서 주체성을 인식하면서 내담자와 상호작용하는 것이다. 이를 위해 상담자는 만남 속에 있는 자신의 내면적 역동을 잘 이해하고 진술해야 하며, 이러한 상담자의 진술성이 내담자의 진솔함을 이끌어 내는 마중물이 되어야 한다. 상담실 내에서 상담 관계가 시작될 때부터 본래적 상호작용이 실존적 관계성을 형성하는 뿌리가 되고 서로의 차이가 수용될 때 내담자에 대한 환대가 된다. 이러한 환대 경험을 통해 주체적인 두 사람의 공통성 또는 두 사람의 개별성을 뛰어넘는 어떤 것을 창조해 나가는 과정을 상호주관성이라 할 수 있다.

내담자가 자신의 세계관을 성찰할 수 있도록 돕는 촉진자

모든 사람은 자기 나름의 세계관을 가지며, 이는 세상과 타인, 그리고 자신에 대해 이해하는 틀을 제공한다. 또한 이는 삶의 가치와 의미를 설정하는 기준과 대인관계 방식, 그리고 미래의 삶을 이끌어 가는 방향키 역할을 한다. 따라서 내담자 자신이 삶의 경험 과정에서 자연스럽게 형성된 세계관을 이해하고 성찰하는 것은 매우 중요하다. 상담자는 내담자가 자신의 세계관을 이해하고 성찰할 수 있도록 도와주어야 한다.

내담자의 세계관을 이해하는 과정에서 상담자는 인간에 대한 총체적인 시각에서 개념화할 수 있어야 한다. 인간에 대한 물리적, 관계적 차원의 시각과 더불어 실존주의자들이 강조해 온 정신적 차원의 특성이 내담자의 내면적 세계를 형성하는 과정을 이해해야 한다. 이러한 총체적인 관점은 내담자가 속해 있는 삶에서의 물리적 세계, 개인관계적 세계, 사회관계적 세계, 정신적(영적) 세계, 내면적 세계로 이루어진다.

내담자의 물리적 세계

물리적 세계는 기본적으로 인간이 속해 있는 환경과 생태적 여건, 그리고 신체적 특성이나 유전적 조건 등을 의미한다. 인간은 비록 정신적인 존재라 할지라도 물리적 신체를 지닌 실체적 존재이며 자연환경과 매우 밀접한 관련을 맺고 있다. 인간은 환경에 적응하거나 극복하는 가운데 삶을 영위한다. 인간이 객관적인 자연환경과 자연의 법칙을 거스를 수는 없지만 그것에 대한 태도나 물리적 환경과 관계를 맺는 방식은 매우 개별적이며 주관적이다.

상담에서 내담자의 물리적 세계는 크게 내담자를 둘러싼 환경 조건과 문화 요인, 그리고 내담자가 유전적으로 타고난 특성으로 대별할 수 있다. 내담자의 환경 조건은 주거환경 및 경제적 여건, 직업 등의 물리적 조건과 더불어 나이, 교육 정도, 가족 구조의 형태 등이다. 내담자의 문화 요인은 국적이나 민족 문화적 정체성, 성별 또는 성적 경향성, 성장 과정에서의 학습된 토착 유산이나 종교 등을 포함한다. 내담자의 태생적이거나 유전적 특성은 성격이나 기질적 성향, 외모 및 신체적·정신적 장애, 발달 과정에서의 후천적 장애 요인 등에 관한 것이다. 이러한 물리적 세계의 특성을 파악하는 도구 중 하나가 헤이스(P. A. Hays)가 제안한 ADDRESSING 모델이다.

- A(나이와 세대 요인)
- D(발달적 장애)
- D(후천적 장애)
- R(종교와 영적 지향)
- E(민족적, 인종적 정체성)
- S(사회경제적 지위)
- S(성적 경향성)
- I(토착 유산)
- N(국적)
- G(성)

내담자의 관계적 세계

인간의 특징은 사람들과 상호작용하는 관계적 존재라는 것이다. 사람들의 관계를 떠나서는 인생 자체가 불가능하다. 인간은 관계 속에서 태어나고 성장하며, 관계 속에서 삶을 영위한다. 죽는다는 것은 이 세상의 모든 관계가 단절되는 것을 의미한다. 인간관계는 크게 사회적 관계와 개인적 관계로 구분할 수 있다. 기본적으로 내담자는 사회 속에서 맺는 관계의 방식과 개인의 사적인 관계에서 맺는 관계 방식이 다를 수 있다. 또는 둘 중 어느 하나의 방식에 매몰되어 있을 수도 있다. 일반적으로 보면 개인적 관계는 가족이나 사랑하는 사이와 같은 개인의 사적인 울타리 안에 있는 관계이다. 반면 사회적 관계는 직장이나 공동체 안에서 교류하는 관계이다. 그러나 좀 더 깊은 의미에서 사회적 관계와 개인적 관계의 구분은 가족이나 친밀한 타인과의 관계 또는 직장이나 사회에서의 관계처럼 물리적 영역으로 구분되는 것은 아니다. 이것은 개인이 자신의 경계 밖의 역할적 관계인지 아니면 타인을 개인의 삶의 영역으로 끌어들여 친밀감으로 맺는 관계인지에 대한 것으로 구분할 수 있다.

내담자의 사회관계적 세계

아리스토텔레스(Aristoteles)는 인간의 특징을 사회적 존재로 규명함으로써 사회적 공동체 속에서의 중요성을 인식시키고 있다. 사회 속에서 관계를 맺는 방식은 자신의 본질적 특성을 적나라하게 드러내지는 않는다. 사람은 각자 나름대로 사회적 공동체 속에서 타인들과 맺는 관계 방식을 발전시킨다. 융 (C. Jung)은 사회적 관계 속에서의 자아를 따로 구분하여 '페르소나'로 설명하였다. 물론 무대에서 배우들이 쓰던 가면이라는 의미를 지닌 라틴어에서 유래한 페르소나는 관계 방식을 설명하기보다는 직업이나 사회적 역할에서 규정하는 자기성격의 한 측면을 의미한다. 사회적 관계는 인간의 성격 특성의 한 측면을 차지할 만큼 인간 삶에 매우 큰 영향을 준다. 사회적 관계에서 내담자는 몇 가지 형태의 특징을 보이는 경향이 있다.

사람들이 맺는 관계적 특성은 크게 일방적 관계, 단절된 관계, 상호적 관계로 나눌 수 있으며, 일방적 관계는 다시 지배형과 의존형으로 나뉜다. 지배적 관계 유형은 주로 자신이 중심이 되어 타인을 통제하고자 하는 관계적 특성을 의미한다. 이러한 관계 방식의 사람들은 주로 리더십이 강하고 자기주장적이며 논리적, 설득적, 비난적인 의사소통을 하는 경향이 있다. 의존적 관계 유형은 주로 타인이 중심이 되어 순응하는 특성을 지닌다. 이러한 관계 유형의 사람들은 의사결정이나 자신의 의견을 명확하게 소통하는 것이 어려울 수 있다. 이들은 주로 적응적이고, 타인의 의견에 동조적이며, 타인의 의중을 파악하는 것에 초점이 집중되어 있고, 어떤 사회적 현상에 대해 자신을 자책하는 의사소통을 하는 경향이 있다. 단절적 관계 유형은 사회나 공동체로부터 철수(withdral)하여 관계에서 멀어지는 특성을 지닌다. 관계적 유형을 지닌 사람은 자신의 역할이나 기능에 익숙하며 타인과의 상호작용에 관심이 없거나 타인을 경계하여 의사소통을 회피하는 경향이 있다. 상호 관계적 유형은 사회적 관계나 공동체에서 타인과의 적극적인 상호작용을 이루는 유형이다. 이러한 유형의 사람들은 타인의 의견과 생각을 경청하며 동시에 자신의 생각과 마음을 진솔하게 드러내는 의사소통을 한다.

내담자의 개인관계적 세계

내담자의 개인관계적 세계는 사회관계적 세계와는 구별된다. 사회관계적 세계는 인간관계에서 각자의 내적인 주관 세계를 개방하기보다는 분명하게 경계를 가지며 둘 사이가 역할이나 직업 등의 사회적 요인으로 연결되어 상호작용하는 것을 의미한다. 하지만 개인관계적 세계는 개인의 주관적 세계를 개방하여 타인을 기꺼이 초대해 들여오거나 타인의 주관적 세계로 초청되어 들어가는 관계이다. 이는 역할이나 기능적 관계보다는 친밀감을 바탕으로 한다. 한 개인이 상대방과의 관계에서 의미 있는 관계가 되면 개인적 차원의 사적 관계로 들어가게

된다. 그럴 때 상대를 통해 나의 정체감을 발견하게 되고, 상대
도 나를 통해 정체감을 발견한다. 집단주의 사회에서는 이러한
현상이 더욱 뚜렷해진다.

　일반적으로 한 개인이 타인과의 개인관계적 세계의 차원에
서 다른 사람과 가깝고 친밀한 관계를 맺기 위해서는 타인에
대한 안전함만이 아니라 무엇보다도 자신이 스스로와의 관계
에서 편안한 것이 중요하다. 내가 나와의 관계에서 자신을 수
용하지 못하고 불편하고 화가 나 있으면 사회적 관계에서 분노
를 표출하게 된다. 상담에서도 상담자 자신이 '자기다움'에 대
해 스스로 편안하고 수용적이지 못하면 내담자와의 개인관계
적 세계에서 상호작용할 수 없다. 이것은 자기 자신과의 충분
한 관계 경험, 자신이 자신의 내면과 공유하는 세계에 대한 편
안함이 있어야 가능한 것이다. 기본적으로 가족은 개인관계적
세계의 바탕이 된다. 하지만 현대 우리 사회에서는 물리적으로
가까운 가족 관계라 할지라도 개인 세계의 차원에서는 관계를
맺지 못하는 경우가 많다.

　상담 관계는 분명히 사회적 관계에서 시작하지만 서서히 개
인관계적 세계로 전환이 이루어질 때 진정한 치유 관계와 성장
경험이 일어난다. 이것이 5장에서 구체적으로 언급할 우리마음
형성하기에서 일어나는 과정이다. 이는 단순히 상담자와 내담
자의 사적 친밀감을 의미하는 것이 아니라 전문적 관계이지만

자신의 내면세계를 기꺼이 개방할 수 있는 관계를 뜻하며, 이를 통해 궁극적으로는 내담자가 스스로 자기 자신과의 내면적 세계에 깊이 접촉하고 자신을 만나고 경험하는 자기 대면을 시도하게 된다.

내담자의 정신적 세계

인간은 다른 피조물과는 달리 영적인 존재라는 특성이 있다. 여기서 영적이라는 것은 단순히 종교적 차원에서 강조하는 창조주와의 관계만을 의미하는 것이 아니라, 인간 속에 투영된 신의 형상(Imago Dei)을 지닌 특성을 의미한다. 이는 인간이 신체적·심리적 특성을 지니고 있지만 이것을 초월하는 자유, 책임, 이타심, 사랑, 화평, 의미, 자기성찰 등 고도의 정신적 차원에서 삶을 결정하고 영위할 수 있다는 것이다. 이러한 정신적 작용으로 사람은 누구나 자기 삶의 가치관과 독특한 의미를 추구하길 원하며, 자기 존재에 대한 기대와 가치를 평가한다. 정신적 존재로서의 삶을 통해 인간은 실존적인 가치를 구현한다. 오늘날 우리 사회는 고도로 기계화되고 과학화되었지만 오히려 정신적 차원의 메마름을 경험하고 있다. 오늘날 심리적인 문제는 정신적 차원의 혼란에 따른 삶의 무의미에 기인하는 경향이 있다. 상담자는 내담자의 삶에서 전개되고 있는 가치관, 삶의 의미나 기대, 추구하고자 하는 신앙적 신념, 자기존재에 대한 평가를 현상적으로 보아야 한다.

내담자의 내면적 세계

인간의 관계에서 실체적 대상을 지니지는 않지만 중요한 관계적 측면이 자신이 자신과 맺는 관계이다. 사람은 단지 외적 상황과 환경에 의해 조형되거나 일방적으로 의존되는 존재가 아니라 자신이 지닌 주체성에 근거한 자율성, 개성, 독립성을 가진다. 이는 한 개인이 내면에 가지고 있는 나름의 생각과 신념, 정서적 경향성, 의지적 행동, 대인관계의 방식 등 독특한 특성이 있다는 것을 의미한다. 실제로 다른 사람과의 친밀한 관계를 나눌 수 있는 힘은 자신이 먼저 자기 자신을 수용하고 자신에 대한 존재적 가치를 느낄 때 형성될 수 있다. 자기 자신과의 친밀하고 안정적인 관계를 맺기 위해서는 자신이 먼저 있는 그대로의 내면적 특성을 올바르게 이해하고 성찰해야 한다. 이러한 내적 현실에 대한 이해와 수용적 안정을 통해서만, 다른 사람과 개인적 세계에서 친밀한 태도 안에서 함께 합쳐질 수 있다. 상담자는 내담자와의 관계를 통해서 관찰한 현상적인 안목으로 내담자의 내면적 틀과 그 특성을 이해할 수 있어야 한다. 이러한 내담자의 내면세계에 대한 이해는 단순히 상담자가 내담자를 평가하기 위해서나 진단적 차원이기보다는 내담자가 상담자와 함께 자신의 세계를 이해할 수 있도록 하는 것을 목적으로 한다. 내담자의 세계관에 대한 개념적 이해를 위한 전체적인 구조 틀과 기본 도식은 6장에서 자세히 설명될 것이다.

내담자가 자신과 한계 상황을 대면할 수 있도록 돕는 격려자

모든 인간은 기본적으로 한계 상황 속에서 삶을 유지한다. 가장 보편적이고 핵심적인 한계 상황은 '고통, 죽음, 소외, 그리고 무의미'라 할 수 있다. 한계 상황의 구체적인 현상은 개인마다 다른 특성으로 나타난다. 또한 개인마다 이를 극복하고 대처하는 방식도 다르며 이는 생존의 방식으로 나타난다. 우리 대부분은 자신의 존재를 보호하기 위해 각자의 생존방식에 따라 실제로 자신이 감당하기 어려운 한계 상황을 회피하는 특성이 있다. 한계 상황에 대한 회피 성향은 일시적으로 자기 존재를 유지할 수 있도록 해 주는 기능도 있으나 이것이 생존의 방식이 되면 오히려 심리적 문제를 일으키는 주요 원인이 될 수도 있다.

자기를 유지할 수 있는 힘이 있을 때 인간은 아이러니하게도 한계 상황에 명확히 대면하는 가운데 오히려 한계 상황을 극복할 뿐만 아니라 건강하고 가치 있는 삶을 영위할 수 있다. 따라서 위기 상황이 아닌 경우 내담자가 자신의 한계 상황을 좀 더 명확히 대면하는 것은 심리적 문제를 극복하고 자신을 수용하며 새롭게 선택된 실존적 삶을 살기 위해 꼭 필요한 과정이다. 상담자는 내담자가 이전에 자신을 유지하기 위해 회피한 한계 상황이나 이를 외면하면서 마음에 쌓여 있는 것들을 대면하도록 도와주어야 한다. 이러한 상담자의 개입은 주로 내담자의 자기소외, 부정적 정서, 자기애도에 대한 개입이 될 수 있다.

첫째, 상담자는 무엇보다도 내담자의 '자기소외'에 대한 개입적 안목이 있어야 한다. 삶 속에서 심리적 어려움을 겪는 내담자들의 공통된 특징 가운데 하나가 바로 자기소외이다. 심리적 문제는 주로 내담자가 처한 세계 속에서 자신으로서의 존재를 보존하기 위한 방편으로 파생되는 종양과도 같은 것이다. 즉, 내담자의 다양한 세계(물리적, 사회관계적, 개인관계적, 정신적, 내면적) 속에서 가치관이 혼란스럽게 충돌하거나 고통스럽게 결핍된 상황을 극복하는 적응 방식일 수도 있다. '세계 속에서의 자기'를 보존하기 위한 가장 보편적인 방식이 자기소외이다. 자기소외를 통해 내담자는 실존적 자기를 대면할 수 있는 '자기의식'을 차단하고, 이성과 정서를 분리하거나 실존적 자기를 포기한다. 이로 인해 스스로 다양한 비합리적 신념 및 인지적 왜곡을 생성하거나 자기실존을 보존하기 위해 수행했던 과거행동 방식에 고착하게 된다. 예를 들어, 어린 시절 공부를 잘했던 형과 차별대우를 받은 내담자가 자신은 아무리 해도 타인을 만족시킬 수 없다는 생각으로 어떠한 일도 스스로 미리 포기하는 행동 양식을 현재도 고스란히 수행하고 있는 것이다. 또한 자기소외는 대인관계적 방식에 있어서도 지나치게 일방적으로 타인을 통제하거나 순응적으로 의존적이 되거나 아니면 아예 타인과 단절하여 고립적으로 철수하는 특성을 드러낸다. 이러한 현상은 다양한 심리 증상과 중독적 특성을 갖는다. 이는 자기소외를 통한 생존 양식으로서 삶의 실패이기보다는 자기 존재의 중심성을 보존하기 위한 필수적인 적응이라 할 수 있다.

둘째, 상담자는 수치심, 분노, 불안, 외로움 등의 핵심적인 부정적 정서를 적절히 처리할 수 있어야 한다. 부정적 정서는 마치 유리창 안쪽 면에 뿌옇게 낀 서리와 같다. 방 안에 아무리 귀하고 좋은 진품들이 있을지라도 유리면이 뿌옇다면 그것을 발견할 수 없다. 특별히 이러한 정서는 타인이나 세상에 대한 자신의 존재가치와 밀접한 관련이 있다. 즉, 자신의 존재가치를 상실하는 것에 대한 위기로 말미암은 정서적 반응이라 할 수 있다. 분노는 자신의 존재가치를 소멸하려는 타인에 대한 공격적 에너지를 발산하는 것이고, 불안은 존재가치를 상실할 위기에 있는 자신에 대한 에너지 몰입으로 인한 감정이라 할 수 있다. 또한 수치심은 자신의 존재가치 상실에 대해 타인과의 관계에서 위축된 자신에 대해, 외로움은 자신의 존재가치 상실로 인해 타인과의 관계에서 단절된 자신에 대해 경험하는 감정이다.

그러나 이러한 감정은 표면적으로 드러난 것과 마음 심층에 자리 잡고 있는 감정이 일치하지 않는 경우가 많다. 예를 들어, 타인에 대해 분노하는 사람은 에너지가 타인에게 쏠려 있기에 스스로도 깨닫지 못한 채 마음 깊이에는 자신의 존재가치가 상실되어 관계가 단절된 외로움의 정서가 더욱 깊이 자리 잡고 있을 수 있다. 또한 자신의 수치심을 가리고 타인을 공격함으로써 자신이 원하는 것을 얻어내는 도구로 분노를 활용할 수도 있다.

상담자는 무엇보다도 내담자가 자신에게 느끼고 경험하는 존재가치와 관련된 깊은 속마음에 뿌리내려 있는 심층적 감정을 접촉하고 이해해 주어야 한다. 비록 표면적 감정과 도구적 감정을 이해하고 수용하는 것에서 시작되지만 그것에 머물러 있으면 내담자가 자신과의 관계에서 나타나는 거칠고 부정적인 내면의 깊은 진정한 마음 밭을 기경할 수 없게 된다. 또한 감정은 단순한 정서적 정화를 위한 것이 아니라 내담자의 감정이 의미하는 바를 명확히 이해하도록 도와야 한다. 한의학에서 '이정변기요법(移精變氣療法)'이 있다. 이것의 핵심 원리는 '정

(精)을 이동시켜 기(氣)를 변화시킨다.'는 것이다. 예를 들어, 분노, 원한, 우울, 수치 등에 휩싸여 있을 때 인간은 그 감정 속에 매몰되어 고통이 삶의 주인이 되어 버린다. 이러한 감정을 다른 사물이나 생각으로 초점을 이동시켜 해결하는 것을 의미한다. 이와 유사하게 표면적 감정과 도구적 감정을 심층적 감정으로 이동시켜 줄 때 오히려 진정한 자신과의 만남이 이루어질 뿐 아니라 표면적 감정의 의미를 좀 더 명료하게 이해하게 되어 자신을 통제하고 있던 표면적 감정이나 도구적 감정의 문제를 해결하게 된다.

마지막으로 상담자는 그동안 돌보지 않았던 내담자 자신에 대한 애도가 이루어지도록 개입해야 한다. 인간의 정신적 건강은 극단이 아닌 조화와 균형에서 유지된다. 물리적 세계와 사회적 또는 개인적 관계 세계, 내면적 세계와 영적 세계의 전체에서도 적절한 조화와 균형을 이룰 때 건강하고 성숙한 마음과 삶을 이룰 수 있다. 삶 자체가 돈과 물리적 현실에만 몰입된 삶은 결코 건강하거나 진정한 행복을 영위할 수 없다. 개인관계적 세계 혹은 자신의 내면세계에만 파묻혀서 사회적 관계로부터 폐쇄되고 철수되어 있어도 결코 삶의 충만함을 누릴 수 없다. 인간에게 있는 자유와 소속감은 마치 이율배반적인 것처럼 보인다. 그러나 양자택일이나 양극단에서 얻는 삶의 만족보다, 자신의 주체적 자율성이 주는 자유와 관계적 소속에서 주는 친밀감이 조화와 균형을 이룰 때 건강하고 행복한 느낌을 갖는다.

그러나 인간이 취약한 물리적 환경에서 살아남기 위해서는 생존을 위한 극복과 적응에 모든 심리적 에너지를 쏟아 부어야 한다. 또한 자신을 소외시키는 관계적 세계에서 자신을 유지하기 위해서는 끊임없이 다른 사람들의 욕구나 태도에 관심을 기울여야 한다. 자신의 삶에서 추구하는 의미 혹은 자신 내면의 욕구와 기대의 소리에 귀를 기울일 틈이 없이 삶을 엮어 가야만 한다. 이로 인해 자신의 내면적 가치나 의미를 생각하지 못하고 자신을 잃어버리고 소외시키는 기능적이며 역할적 자기로 존재하게 된다. 이로 인해 응어리진 옛마음은 일종의 자신에 대한 상실이며, 과거 우리나라 정서의 특징인 '한'과 같은 것이다. 자기상실의 극복은 기본적으로 자신을 상실한 것에 대한 인식과 자신에 대한 애도를 통해서 시작된다.

한국인의 문화 상황에서 뿌리 깊은 정서적 특징 가운데 하나가 '한'이다. 과거에는 한 맺힘이나 한으로 말미암은 신체화 증상인 화병을 풀어내기 위한 방법으로 넋두리를 활용하였다. 원래 넋두리는 생전에 한을 품고 죽은 이가 무당의 입을 빌려 생전에 못다한 말을 표출하여 가슴에 묻은 한을 풀어 주는 것을 의미한다. 이때 망자의 가족도 죽은 사람이 살아온 듯이 무당을 붙들고 넋두리를 통해 못다한 심정의 말을 토해 냄으로써 서로의 한을 풀고 심정의 고통에서 벗어나며 화해하는 것이다. 내담자의 넋두리 뿜어내기는 마음 안에 단단하게 굳어 버린 살을 빼내는 작업으로서 마음을 정화시키는 중요한 상담 과정이라 할 수 있다.

　이상과 같은 내담자의 자기소외, 부정적 정서, 자기애도에 대한 개입은 내담자의 한계 상황에 대한 대면의 과정이다. 상담자는 내담자가 이러한 한계 상황에서 자신을 대면할 수 있도록 격려하고 도와주어야 한다.

내담자가 진정한 삶에 대한 눈을 열 수 있도록 돕는 안내자

　실존통합적 관점에서 내담자의 치유와 성장은 실존적 삶에 대한 회복의 과정이라고 할 수 있다. '실존적 삶'이란 과연 무엇일까? 실존적 삶은 진정한 자신이 되어 가는 것을 의미한다. 진정한 자신(authentic self)은 자율성과 선택, 그리고 자신에 대한 책임성을 의미한다. 즉, 자신이 헌신할 가치나 삶의 의미를 분명히 인식하는 가운데 그것에 부합하여 선택하는 것을 의미한다. 야스퍼스는 진정한 자신이 되어 가는 삶은 좌절하는 고통을 겪는 가운데 자율성을 획득하는 것으로 정의한다. 이는 진정한 자신과 실존적 삶을 획득하기 위해서는 기본적으로 인생

이 지닌 근본적인 한계 상황뿐만 아니라 자신의 삶 속에 내재
되어 있는 결핍과 좌절 등의 구체적 상황에 대한 고통에 직면
해야 함을 의미한다. 이를 위해 실존통합심리상담자는 내담자
가 자신만의 한계 상황을 직면하도록 도울 뿐만 아니라 이를
기반으로 내담자의 진정한 삶에 대한 새로운 선택과 조화를 이
룰 수 있도록 안내하는 역할을 해야 한다. 이를 구체화하기 위
해 상담자는 내담자의 인생에 대한 시각의 개방성과 삶의 조화
성에 대해 도움을 주어야 한다.

심리적 문제를 지닌 내담자는 때때로 닫힌 세계 속에 시각
이 고정되어 있는 경우가 많다. 이는 자신에 대해 스스로 부정
적 특성의 이름을 붙여서 그 안에서 자신이 스스로 매몰되는
현상을 만들어 낸다. 내담자의 닫힌 세계에는 내담자가 삶 속
에서 규정한 가치관과 지향적 목표가 주축을 이루고 있다. 이
러한 가치관과 목표에 대한 명료한 인식과 함께 좀 더 개방된
세계로 안내하는 것이 필요하다. 소크라테스의 대화기법인 산
파술은 내담자를 개방된 세계로 안내하는 매우 중요한 모범을
보여 준다. 그러나 상담자가 자신의 의도를 내담자에게 우회적
으로 주입하기 위한 기법으로 활용해서는 안 된다. 내담자 스
스로가 자신의 닫힌 세계에 대한 구체적인 내용을 인식하고 개
방된 세계로 향할 수 있도록 안내해야 한다.

프랭크 화이트(F. White)가 우주비행사들의 체험과 변화에

대해 언급하면서 밝혔던 조망 효과(the overview effect)는 자신의 닫힌 세계에서의 개방된 안목을 열어갈 수 있는 매우 중요한 단서를 제공해 준다. 조망 효과는 우주비행사들이 그동안 전부라고 생각했던 지구라는 삶의 공간을 떠나 망망한 우주에서 지구를 바라보는 체험 후 이전의 삶의 가치관과 태도가 바뀌는 것을 의미한다. 우주비행사들은 귀환 후 자연스럽게 생활의 작은 것에도 감사하며 겸손한 마음과 기쁘게 살려고 하는 태도와 생명 존중 및 타인의 삶과 지구 환경에 대한 관심이 높아지는 변화 현상을 보인다. 실존통합심리상담자는 내담자가 자신이나 자신의 삶을 좀 더 높은 조망을 통해 볼 수 있도록 인도해야 한다. 그리하여 자신이 매몰되어 있던 자신에 대한 평가나 가치관을 재구조(reframe)할 수 있도록 도와야 한다.

　예를 들면, ○○은 지적으로 매우 우수하며 현재 명문대 대학원생이지만 자신을 끊임없이 비하하고 좌절하는 마음으로 고통받고 있었다. 그 이면에는 내담자가 매우 진지한 기독교적 가치관에 따라 살고자 하면서 자신도 모르게 '모든 생활에 다른 사람의 모범이 되어야 하기에 흠이 없고 온전해야 한다.'는 완벽주의적 사고의 특성이 있었다. 상담실에서 내담자가 자신의 좌절에 대한 한계 상황을 대면하여 고통과 좌절을 충분히 분출한 후에 상담자는 진중하고 조용히 질문했다. "당신이 평소 성경을 통해 알고 있고 신뢰하는 하나님이 당신의 이런 마

음과 스스로 비하하고 좌절하는 모습을 본다면 어떻게 말씀하
실까요?" 상담자의 이 질문은 내담자에게 매우 깊은 성찰을 가
져 왔다. 약점에만 매몰되어 닫힌 세계 속에서 갖고 있던 시각
과 자신의 가치관에 대한 깊이 있는 탐색을 통해 자신에 대한
좀 더 개방된 안목을 가져왔다. 이를 통해 자신을 수용하기 시
작했고 자신에 대한 통합된 시각으로 대인관계와 생활 전반에
걸쳐 자신감 있는 태도를 보이기 시작했다.

상담자는 내담자가 자신의 삶에 조화를 이룰 수 있도록 도
와주는 역할을 해야 한다. 진정한 자신이 되거나 또는 진정한
삶을 산다는 것은 삶의 상식을 뒤엎는 극적 특성을 지니는 것
만이 아니다. 때때로 일반적인 사회적 양식과 동떨어져서 개인
의 특성에 따라 자신의 삶의 양식을 독특하게 구성하는 사람
도 있지만 대부분의 사람에게 진정한 자신이나 삶은 균형과 조
화를 의미한다. 심리적 문제나 정신적 질병은 실존의 중심성이
무너지거나 상실되지 않기 위해 파생된 필수적인 부산물과도
같은 것이다. 이는 생존 투쟁을 위해 어쩔 수 없이 삶에서의 자
신에 대한 진정성을 포기하거나 균형과 조화를 상실하는 것을
의미한다.

앞 장에서 서술했듯이 인간은 물리적 세계, 사회관계적 세
계, 개인관계적 세계, 정신적 세계, 내면적 세계의 다양한 차원
의 세계에서 살고 있다. 건강한 삶은 이러한 다양한 세계의 균

형과 조화 가운데 이루어진다. 그러나 오직 생존을 위해서 끊임 없이 위기 속에서 살아 내야 하거나, 존재가치에 대해 자연스럽 게 인정받고 수용되기보다는 오직 효용가치에 의해 존재감을 인정받는 상황의 삶에서 균형과 조화는 깨질 수밖에 없다. 균 형과 조화가 깨진 삶은 세상을 살아가는 방식과 목표, 대인관계 의 방식과 가치관 등에서 왜곡된 틀을 형성한다. 때때로 이러한 틀 속에서 진정한 자신을 잃게 되고, 실존적 삶을 포기하게 되 고, 심리적 문제나 질병이 발생하는 원인이 되기도 한다. 예를 들어, 극심한 가난과 고립으로 환경을 극복하며 살아 내야 했던 사람은 안정적인 물리적 세계를 만들기 위해 내면적 세계나 개 인관계적 세계를 차단하고 정신적 세계에서도 단지 물리적 성 취를 위한 책임감과 성실성을 삶의 가치관으로 형성할 수 있다.

상담자는 내담자들이 삶의 과정에서 형성된 부정적 특성들 을 자각하도록 도우며 그러한 특성들이 현재 상황에서 적합한 지를 점검할 수 있도록 대면시켜야 한다. 이러한 부정적 특성 이 단순히 병리적 관점으로만 해석되어 내담자 자신의 부적절 성을 증폭시키기보다는 실존적 삶을 위한 균형과 조화를 회복 하기 위한 안내자로서의 역할을 해야 한다.

제2부

실존통합심리상담의 실제

04
마음다리 연결하기

누군가를 만난다는 것은 두려운 일이다.
통째로 그 사람의 생애를
만나기 때문이다
그가 가진 아픔과,
그가 가진 그리움과
남아 있는 상처를 한꺼번에
만나기 때문이다.

― 김재진, 「만남」 중에서

낯선 사람을 만나는 순간을 상상해 보라. 특히 나를 평가하거나 나보다 권위자로 여겨지는 사람과 만날 때 나의 내면에서는 어떤 일이 일어나는가? 당신이 직접 상담을 받아 본 경험이 있다면 이러한 현상을 좀 더 생생하게 알 수 있을 것이다. 상담이 시작되는 장면에서 분명히 내담자는 자신보다 권위자로 여겨지는 전문상담자 앞에서 여러 가지 심정을 품은 낯선 모습으로 앉아 있을 것이다.

생각해 보기

① 처음 내담자가 상담 현장에 왔을 때 마음속에서 일어나는 가장 큰 관심은 어떤 것일까?

② 처음 상담자가 내담자를 만났을 때 마음속에서 일어나는 가장 큰 관심은 무엇일까?

이들의 내면적 에너지와 관심은 어떤 것에 쏠려 있을까? 논의해 보고 이것이 상담에서 무엇을 시사하는지 나누어 보라.

내담자가 상담실에 찾아올 때 내담자의 의식 수준에서는 문제해결에 대한 생각으로 가득 차 있을지라도 그 내면 깊이에서는 상담자와의 새로운 만남에 대한 복잡한 심정이 얽혀 있다. 특히 한국 문화에서 체면 유지와 수치심은 가장 자연스럽게 일

어나는 보편적인 내면적 현상이다. 상담의 가장 초기에 상담자
와 내담자의 마음은 그 내면에서 각각 다른 측면을 지니고 있
다. 즉, 내면 깊숙한 곳에서 내담자의 심리적 에너지와 상담자
의 심리적 에너지는 각기 다른 초점을 향하고 있다. 일반적으
로 상담자는 주로 "어떤 문제를 가진 내담자일까?" 또는 "어떻
게 하면 내담자의 문제를 잘 해결할 수 있을까?" 등 내담자의
문제 상황에 심리적 에너지가 흐르고 있으며 내담자는 "상담자
가 나를 어떻게 볼까?" 또는 "상담자는 어떤 사람이며 나를 잘
이해할 수 있을까?" "상담자에게 어느 선까지 나를 드러내서 이
야기해야 괜찮을까?" 등의 상담자 자체와 관련된 사항에 심리
적 에너지가 쏠려 있다.

　상담자가 서로 다르게 향하고 있는 상담자와 내담자의 마
음을 간과하고 상담적 기능에만 급하게 초점을 두는 것은 둘
사이의 실존적 만남을 결여시킨다. 따라서 상담의 가장 초기
에 상담자는 내담자가 상담을 받아야 하는 상담실 안에서의 실
존적 심정에 초점을 두고 이를 통해 서로의 마음다리를 연결해
야 한다. 이를 위해 상담자는 오히려 문제로부터 한 걸음 뒤로
물러나는 자세가 중요하다. 상담자는 내담자의 문제보다 현재
상담실에 와 있는 내담자의 현존적 상황에 관심을 기울이는 것
이 무엇보다 중요하다. 상담자가 일방적으로 내담자의 상황이
나 문제를 탐색하는 것이 아닌 내담자로 하여금 상담자가 어떤

사람인지를 탐색할 수 있는 권한을 주는 것도 둘 사이의 마음 다리를 연결하는, 즉 실존적 관계를 이룰 수 있는 중요한 과정이다.

정현종 시인은 「방문객」이라는 시를 통해 만남에 대한 중요한 성찰을 준다.

> 사람이 온다는 건 실은 어마어마한 일이다.
> 그는 그의 과거와 현재와 그의 미래와 함께 오기 때문이다.
> 한 사람의 일생이 오기 때문이다.
> 부서지기 쉬운 그래서 부서지기도 했을 마음이 오는 것이다.
> 그 갈피를 아마 바람은 더듬어 볼 수 있을 마음.
> 내 마음이 그런 바람을 흉내 낸다면 필경 환대가 될 것이다.

상담 현장에서 내담자는 방문객이 된다. 상담은 이 방문객과의 만남에서부터 시작된다. 그래서 상담자는 이 내담자의 문제에서부터 만남을 시작하는 것이 아닌 한 사람의 일생이 담긴 마음에서부터 만남을 시작해야 한다. 내담자가 상담실에 들어올 때 어떤 모습으로 들어올지라도 내담자의 마음은 일생 동안 수없이 부서졌고 가장 부서지기 쉬운 마음으로 상담실에 들어온다. 어떤 내담자는 고슴도치처럼 지나치게 예민해서 상담자를 찌르려는 듯한 표정과 말투를 사용할지라도 실제로 그 마음은 고슴도치의 뱃살처럼 터지고 부서지기 쉽다. 상담자가 상담실에 와 있는 내담자의 마음에 귀를 기울이고 관심을 보여 줄 때, 자신의 진솔한 마음도 열어서 보여 줄 때 비로소 마음의 다리가 연결될 수 있다. 이것이 상담실 내에서의 환대이다.

일반적으로 만남을 통한 사람의 관계는 반사적 관계, 적응적 관계, 상호적 관계로 나누어 볼 수 있다. 반사적 관계는 마치 갓 태어난 어린아이의 모습같이 상대방과의 상호 교류는 없고 그저 본능적인 반사작용만 하는 것을 의미한다. 선입견과 편견에 사로잡혀 있는 사람은 관계에서도 그저 반사작용만 있는 경우가 많다. 적응적 관계는 마치 자기중심적인 아이같이 상대방의 입장은 무시한 채 자기 생각이나 기분에만 맞추어 줄 것을 요구하는 관계를 말한다. 이들은 주로 타인보다 지위가 우월해야 하고 자존심을 세우는 것에 모든 에너지를 쏟는다. 반면 상호적 관계는 타인의 마음에 귀를 기울이고 이해하는 동시에 자신의 마음도 개방하는 인격적인 관계를 의미한다. 대부분의 상담자는 내담자와 상호적 관계를 지향하고자 의도한다.

그러나 실제 상담 현장에서의 관계 패턴은 상담자 자신도 모르는 사이에 다르게 나타날 수 있다. 상담자가 내담자의 삶에 대한 관심이나 내담자와의 교류보다는 자동적으로 내담자를 진단하고 평가하는 것에만 익숙하다면 내담자는 일종의 반사적 관계를 경험하게 될 것이다. 상담자가 권위적 조언을 하며 내담자를 상담자적 틀에 의존하게 만든다면 내담자는 결국 적응적 관계를 경험하게 될 것이다. 이러한 관계는 마틴 부버가 언급했던 '나-그것'의 관계로서 사물적 상대로 관계를 맺는 것이다. 그러나 무엇보다도 내담자는 상담자와의 진솔한 상호적 관계를 직접 체험함으로써 자신의 존재감과 자율성을 회복해 나갈 수 있다. 비록 시간이 걸리고 힘이 들어도 인간은 상호 관계 속에서만 진정한 성숙을 이룰 수 있기 때문이다. 이는 마틴 부버가 언급했던 '나-너'로서 관계를 맺는 것이며, 이러한 관계 경험을 통해 내담자는 자신의 존재감과 자율성을 회복해 나갈 수 있다.

상담에서의 첫 단계인 '마음다리 연결하기'는 무엇보다도 상담자가 내담자의 현재 심정과는 아랑곳없이 문제를 파악하고 진단하려는 반사적 관계 구조나 상담자 중심의 형식적 틀에 맞추려는 적응적 관계 구조가 아닌 상호적 주체성을 인정하며 상담자의 진솔한 환대를 바탕으로 내담자와 만나는 과정이다. 상담실에 처음 와서 상담자 앞에 앉아 있는 내담자의 마음은 자신의 독특한 특성에 따라 매우 다양하다. 대체로 이때 내담자의 마음은 체면 유지와 수치심 외에도 기본적으로 양가감정을 경험하며 상담자와의 상호작용보다는 자신의 내면에서 자신과의 대화(self-talk)를 많이 한다. 또한 상담에 대한 비합리적 기대감도 있을 수 있으며, 말을 입 밖으로 표현하기 전에 조심

스럽게 점검하기도 한다. 그러나 상담자는 내담자의 마음을 일
반화시켜서 특정적으로 단정해서는 안 된다. 중요한 것은 상담
자가 문제에 대해 먼저 초점화시키기보다는 상담실이라는 낯
선 현장에 앉아 있는 내담자에게 초점을 갖고 그 갈피 속에 있
는 내담자의 마음을 헤아려 주는 것이다. 또한 낯선 내담자를
만나는 상담자의 마음 역시 진솔하게 자각하여 적절히 상호작
용하는 과정을 통해 서로의 마음다리를 연결하여 상호적이 되
도록 하는 것이다.

생각해 보기

① 상담의 첫 회기에서 내담자는 어떤 모습의 상담자에게 신뢰감을
　가질까?

- 신뢰할 수 있다고 여겨지는 사람(A)과 그렇지 못한 사람(B)을 이미
　지로 떠올린다.

- 두 사람 각각에서 구체적으로 관찰되는 특징과 차이는 무엇인가?

- 두 사람 각각과의 관계에서 나타나는 나의 내면적 특성과 정서적
　반응 및 행동은 어떠한가?

② 당신은 어떤 사람과 자신의 삶을 나누고 싶은가?

A. 개방적, 이해적, 협동적, 미래지향적, 현상적, 서술적, 집중하는, 순
　차적, 투명한 사람

B. 방어적, 분석적, 주도적, 과거인과적, 추리적, 논리적, 산만한, 성급
한, 모호한 사람

- 당신이 A 또는 B와의 관계에서 일어나는 내면적 특성은 무엇인가?

- 당신은 A 또는 B에 대해 어떻게 반응하고 어떤 관계적 특징을 갖
는가?

'마음다리 연결하기'를 위한 상담자 가이드

문제보다 관계에 초점을 맞추라

당신이 상담자로서 내담자와 처음 만났을 때 의례적으로 하
는 말이나 첫 번째 질문이 무엇인지 생각해 보라. 일반적으로
상담자가 내담자와 처음 만날 때 자신도 모르게 내담자의 호소
문제를 파악하는 것에 지나치게 몰두하는 경향이 있다. 당연히
상담자가 호소 문제를 명료하게 파악하는 것은 매우 중요하다.
상담전문가로서 가급적 빨리 내담자의 문제를 해소해 주고자
하는 마음 역시 당연하다. 그러나 많은 경우 내담자가 처음 상
담실에 와서 상담자에게 밝히는 호소 문제는 실제로 내담자가

마음 깊이 고통하고 고민하는 문제와 다를 수 있다. 그 이유가 무엇일까?

두 사람 사이에서 대화하는 내용이 얼마나 심층적이냐 하는 것은 무엇보다 두 사람의 사이의 관계의 질과 연결된다. 어떤 경우는 둘 사이에 깊은 관계가 이루어지지 않은 상태에서 마음 속에 있는 심층적인 내용이 자신도 모르게 노출될 수도 있다. 이런 경우 다음 만남에서 더욱 피상적이 되거나 노출했던 문제를 덮으려고 노력하는 경우가 많다. 어떤 공동체 내에서는 관계가 채 깊어지기도 전에 자신의 깊은 상처를 노출한 후 그 공동체를 떠나기도 한다. 이는 개인이 지니고 있는 심층적인 고통이나 문제는 필연적으로 수치심을 더불어 지니고 있기 때문이다.

상담에서 실존적 관계를 형성하는 방법은 무엇보다도 첫 만남부터 상호적이어야 한다. 일반적으로 내담자는 상담자를 전문적 권위자로 인식하기 때문에 상담 관계에서 의존적 태도의 마음이 되기 쉽다. 상담자에게 상담 운용에 대한 운전대를 자연스럽게 맡기게 된다. 처음부터 상담자가 시도하는 호소 문제에 대한 적극적인 탐색은 의도하지 않더라도 이러한 일방적 관계나 내담자를 대상화시키는 관계를 맺게 한다. 더군다나 내담자의 문제에 대한 일방적인 탐색은 자칫 내담자가 상담자의 질문에 대답을 하면서 상담자에게 문제해결의 책임을 자신도 모르는 사이에 전가하는 모습을 보이게 하기도 한다. 따라서 상담에서 처음 만날 때 내담자의 호소 문제에 대한 대화가 이루어진다 할지라도 상담자는 우선 내담자와의 관계를 이루어 가는 것에 관심을 가져야 한다.

관계를 맺는다는 것은 무엇보다도 상호적으로 알아 가는 과정이 필수적이다. 많은 내담자가 상담 경험에 대한 소감을 말할 때 상담 첫 만남에서 상담자 자신의 정보를 제공하지는 않으면서 내담자에 대한 정보만 확인하는 것에 대해 의아해 하거나 불쾌감을 갖는다. 상담을 시작하면서 상담자는 상담 관련 정보만 제공하는 것이 아니라 적절하게 자신을 보여 주는 것이 매우 중요하다. 문제보다 관계에 초점을 두는 몇 가지 사항에 대한 구체적인 예는 다음과 같다.

인사 및 상담자 소개: 경력 등 짧게

새로운 만남은 당연히 서로에 대한 인사부터 시작된다. 인사말은 짧고 간단할 수 있지만 매우 중요한 첫인상을 심어 준다. 무엇보다도 형식적이거나 일상적인 인사말을 하지 않도록 유의해야 한다. 예를 들어, 아무런 생각 없이 일상에서 사용하는 "안녕하세요? 반갑습니다. 앉으시지요." 등의 인사말은 매우 부적절할 수 있다. 낯선 곳에 오는 내담자에 대한 배려가 담긴 인사와 함께 자신에 대한 소개를 먼저 하는 것이 바람직하다. 또한 내담자가 상담자에 대해 질문할 수 있도록 허용하는 열린 마음도 중요하다. 이러한 과정에서 단지 정보를 주는 것이 아니라 질문 이면에 있는 내담자의 마음을 이해하고 수용하면서 상호작용해야 한다.

언어적인 메시지보다도 더욱 중요한 것은 맞이하는 태도이다. 상담자는 내담자의 마음에 관심을 가지면서 대면하는 구체적인 기술을 익혀야 한다. 이는 상담자와 내담자의 어깨가 자연스럽게 사각형을 이루는 정방향의 대면, 내담자가 긴장을 풀고 편안한 상담 관계로 자연스럽게 들어올 수 있도록 열린 자세, 상체를 15도 정도 적절히 내담자 방향으로 기울이는 관심 있는 신체 표현, 내담자와의 적절한 시선 접촉, 내담자의 말에 고개를 끄덕이거나 적절한 추임새를 통한 반응, 긴장하지 않은 편안한 태도 등이다. 이런 자세일 때 내담자는 상담자가 온전히 자신에게 관심을 기울이고 있음을 느끼며 심리적 에너지를 상담자의 태도를 분석하는 것이 아닌 자신의 내면에 집중할 수 있다. '상담자적 용어 혹은 내용'보다 관계에서 보여 주는 '상담자적 태도'가 무엇보다 중요한 치료 요인이 된다는 것을 기억하자.

상담소에 오는 과정 및 접수 과정에서의 마음을 인정하기

상담자가 내담자와의 관계에 초점을 두는 것은 단지 내담자를 직접 만나면서부터가 아니다. 내담자와의 상담 일정이 확정된 순간부터 이미 관계적 맥락이 시작된다. 즉, 내담자가 접수면접을 하거나 전화 혹은 이메일 등을 통해 상담 일정을 확정하는 과정에서 이미 상담자와의 관계가 시작되는 것이다. 비록 상담자와 직접 대면은 하지 않았다 할지라도 내담자는 이미 상담자에 대한 이미지를 마음에 담고 있다. 상담소의 접수면접자는 상담자의 연장선이다. 이때 전화 태도나 접수면접의 과정은 상담자와의 만남에 선입견으로 연결될 수 있다.

또한 상담자는 내담자와의 전화나 접수면접자가 전해 주는 정보로부터 마음속에서 내담자를 만나게 된다. 상담자는 내담자를 직접 만나기 전에 정보를 전달받지만 그 정보로 인해 내담자를 규정짓지 말아야 한다. 상담자는 내담자와 만날 때 가급적 현상학적 관점으로 판단중지(epoche)의 마음 자세를 통한 만남으로 시작해야 한다. 상담의 첫 만남에서 내담자가 상담에 오는 과정, 상담소 직원이나 접수면접자에 대한 마음이 어떠했는지에 대해 관심을 갖는 것도 잊지 말아야 한다. 이를 통해 미세하지만 내담자의 마음에 대해 배려하고 낯선 타인과의 새로운 관계 경험을 시작해야 한다.

사례 A

내담자 1: 여기 상담실 맞나요? 안녕하세요?

상담자 1: 이철수 선생님이시군요. 잘 오셨어요. 이쪽으로 앉으세
　　　　　요.

내담자 2: 감사합니다.

상담자 2: 상담 신청서에 쓴 상담 받고 싶은 문제가 우울하고 불
　　　　　안하고, 그리고 대인관계 문제라고 하셨네요. (네.) 상
　　　　　담을 통해서 변화되고 싶은 것은 '성격이나 다른 사람과
　　　　　의 관계'라고 쓰셨네요. 지금도 그래요? 어떤 문제로 상
　　　　　담을 받고 싶은지 우리 이야기해 볼까요?

내담자 3: 그냥 친구들과 잘 지냈으면 좋겠어요.

상담자 3: 친구들하고 갈등이 있었나 봐요? 혹시 최근에도 그런
　　　　　적이 있나요?

사례 B

내담자 1: 여기 상담실 맞나요? 안녕하세요?

상담자 1: 이철수 선생님이시군요. 오시느라 수고 많으셨어요. 이
　　　　　쪽으로 앉으세요.

내담자 2: 감사합니다.

상담자 2: 제가 접수실에서 소개한 ○○○입니다. 이곳 센터에서 전문상담사로 있어요. 혹시 접수하는 과정이나 오시는 데 불편한 마음은 없으셨는지요?

내담자 3: 안내해 주시는 분이 친절하게 가르쳐주셔서 찾아오는 데 큰 어려움은 없었어요. 그런데 접수면접지 작성할 때 가족사항도 꼭 써야 하는지 불편하더라고요. 막연한 것 도 많고요.

상담자 3: 어렵지 않게 찾아오셨다니 다행이네요. 혹시 길이 혼동 되실까 봐 염려했었어요. 접수할 때 너무 개인적인 사항 까지 다 채워 넣느라고 마음이 불편하셨나봐요.

내담자 4: 예. 접수하시는 분이 바쁜 것 같아서 물어보기도 그렇고 안 쓰기도 그렇고 해서 그냥 썼어요.

상담자 4: 제게라도 불편한 마음을 이야기해 주시니 선생님 마음 을 잘 알 수 있어서 다행이네요. 혹시 저하고 상담하실 때 지금처럼 불편한 마음을 혼자 생각하지 마시고 알려 주시면 상담하는 과정에서 더욱 도움이 될 것 같아요.

생각해 보기

• 사례 A와 사례 B를 동료와 함께 시연해 보고 내담자의 입장에서 느끼는 점을 구체적으로 생각해 보시오.

※사례 A는 상담자가 문제에 초점을 두고 있으며 사례 B는 상담자가 문제보다는 관계에 초점을 두고 있다.

내담자와 상담자의 관계 맺음에서 진솔한 개방을 이끌어 가기

심리상담에서 전문가로서의 상담자는 실제로 어떤 전문성이 가장 특징적으로 드러나는 전문가일까? 여러 전문성 중에서 무엇보다도 진솔한 관계를 맺는 능력이 있어야 한다. 상담자와 내담자 두 사람이 서로 처음 만나서 관계를 맺게 될 때 상담의 안전지대가 형성되기 위해서는 무엇보다도 둘 관계에서 진솔함이 확인되어야 한다. 이것은 실존통합심리상담에서 상담자와 내담자 사이의 실존적 관계라고 볼 수 있다. 다시 말하면 '너와 나의 만남'으로서 어느 누구의 내면적 특성을 소멸시키지 않는 인격적 만남이다.

실존통합심리상담은 상담자와 내담자의 만남이 처음부터 상호주관성에 근거한 실존적 만남을 지향한다. 실존적 관계가 된다는 것은 만나는 주체인 두 사람 모두 자신의 감정이나 생각 등의 개별적 주체성이 소멸되지 않는 것을 의미한다. 상담 초기부터 상담자는 내담자와의 관계에서 내담자가 본래적 또는 실존적 주체성을 드러내고 경험할 수 있는 관계를 형성하도록 격려하며 용기를 낼 수 있도록 북돋는다. 상담자가 처음에 탐색부터 시작하면 관계 자체가 실존적 관계보다는 일방적 관계가 되기 쉽다. 상담자가 내담자와 실존적 관계를 맺기 위해서는 내담자가 진솔할 수 있도록 안정감을 주어야 하며, 상담자 자신도 내담자를 만나는 자신의 내면적 역동과 흐름을 잘 성찰하고 의사소통의 치유 방식을 통해 적절하면서도 솔직하게 드러내야 한다.

다음의 사례 A와 사례 B는 앞에서 나온 상담자와 내담자의 계속되는 대화 내용이다. 두 사례에서 나타나는 상담자의 특성에 대해 생각해 보자.

사례 A

내담자 4: 예. 친구들하고 갈등이 많아요.

상담자 4: 무슨 갈등이 있는지 말해 볼래요?

내담자 5: 말하기가 좀 그런데요.

상담자 5: 말을 해야 알 수 있어요. 상담에서는 모든 것을 말해도 돼요.

내담자 6: 그래도 말하기가 쉽지 않아요. 어떻게 이야기해야 하나요?

상담자 6: 그냥 생각나시는 대로 말하면 돼요. 친구하고 싸웠어 요?

사례 B

내담자 5: 그럴게요. 그렇게 말씀해 주시니까 고마워요.

상담자 5: 이제 상담을 시작하기 위해 저와 마주앉았는데 지금은 마음이 어떠실까 궁금해요.

내담자 6: 올 때는 바쁘게 오느라 별 생각이 없었는데 막상 앉으니 까 조금 긴장되는 것 같아요.

상담자 6: 그러시구나. 혹시 저와 앉아 있으면서 무엇 때문에 긴장 되는지 알 수 있을까요?

내담자 7: 글쎄요? 정확하게는 모르겠지만 선생님이 저를 잘 이해 할 수 있을까? 혹시 이상하게 보면 어쩌지? 어디까지 이 야기해야 하나? 상담이 정말 도움이 될까? 어떻게 해야 잘하지? 등등 이런 생각이 긴장하게 만드는 것 같아요.

상담자 7: 상담을 선택한 것, 상담 방법과 상담자의 태도에 대한 염려 등등 아직은 여러 가지가 혼란스러운 마음인가 봐 요. 저 역시 기다리는 동안에는 어떻게 하면 좋은 만남이 될 수 있을까 하는 마음에 살짝 긴장되었는데 만나니까 차분해지네요.

내담자 8: 저도 얘기하고 나니까 괜찮아지는 것 같아요. 상담하면서 제 문제도 해결되고 좋은 시간이 되었으면 좋겠어요.

상담자 8: 상담을 통해 유익한 경험과 시간이 될 수 있도록 저 역시 노력할게요.

문제보다 지금-여기의 내담자에게 초점을 맞추라

상담 초기에 상담자의 내면적 흐름이 내담자의 문제에 초점을 향하는 경향이 있기에 주로 내담자의 문제 파악에 중점을 두게 된다. 이로 인해 상담자는 상담실 안에 있는 내담자를 잃어버릴 수 있다. 이는 자연스럽게 상담자가 지금-여기에 있는 내담자보다는 내담자의 과거에 대한 탐색이나 문제 상황에 대한 사실적 내용 파악에 주력하게 한다. 어떤 경우에는 내담자가 자신의 문제 상황이나 과거를 원활하게 개방하지 않을 때, 상담자는 가계도 그리기 혹은 심리 검사 등의 도구를 활용하여 내담자에 대해 일방적으로 파악하기도 한다. 이는 엄밀하게 말하면 가족치료에서 언급하는 역기능적 삼각관계를 맺는 개념과도 유사하다. 가족치료에서 역기능적 삼각관계는 부부가 둘 사이의 관계에 갈등이 있고 상호작용이 안 될 때 둘 사이의 관계를 유지하는 방편으로, 제삼자나 다른 것을 끼워서 소통하며 관계적 구조를 유지하는 것이다. 상담에서도 때로는 상담자와 내담자 사이에 관계가 진솔하게 맺어지지 않을 때 제삼자에 대한 이야기나 심리 검사 등 다른 것을 끌어들인다. 상담자는 진솔한 관계를 맺을 수 있는 관계 전문가로서 특별한 경우가 아니라면 내담자와 직접적 관계를 맺을 수 있는 능력이 있어야 한다.

상담자가 초기에 지금-여기 상담실 안에 있는 내담자의 현존을 등한시하면 깊이 있는 상호 주관적 상담 관계는 이루어질 수 없다. 실제로 상담자는 상담 초기만이 아니라 상담하는 전 과정에서 지금-여기에 있는 내담자와의 상호 관계에 민감한 관심을 기울여야 한다. 상담자의 가설적 착각 중 하나가 내담자의 과거적 사건에 대한 토로가 마치 내담자의 변화라고 생각하는 것이다. 사실 내담자의 변화는 현재 상담자와의 관계적 경험에서 진정한 변화의 씨앗을 발화시킬 수 있는 것이다. 상담자에게 단순히 이끌려 가는 것이 아니라 자신의 내면을 진솔하게 이야기할 수 있는 용기, 그러한 개방에 대한 지금-여기에서의 수용적 경험이 훨씬 더 큰 변화의 힘이 될 수 있다. 이러한 경험이 성장의 씨앗이 되어 일상생활에서 개화하는 것이다.

상담자와 내담자의 관계에서 지금-여기에서의 진솔한 상호

작용은 얄롬(L. Yalom)이 말하는 수평적 개방을 통해 이루어진
다. 수평적 개방의 경험은 진정한 변화의 힘이 되는 동시에 자
신의 내면세계에 대한 개방을 촉진하는 마중물 역할을 한다.

내담자의 양가적 심정과 예기불안에 대해 이해하고 인정하기

상담실에 온 내담자는 대부분 마음에 여러 감정이 섞여 있
기 마련이다. 물론 내담자가 어떤 상황에서, 어떤 경로로 상담
에 오게 되었는지에 따라 마음의 상태는 매우 다양하다. 일반
적으로 본인이 직접 상담실을 자발적으로 찾아온, 즉 동기가
분명한 내담자는 상담을 통해 자신의 고민이나 문제를 해결할
수도 있다는 긍정적인 기대감이 마음의 가장 밑바탕에 깔려 있
다. 그러나 상담 장면에 들어설 때는 과연 자신의 이야기를 노
출해도 괜찮은 건지, 헛된 노력을 하는 것은 아닌지, 상담에서
자신이 무엇을 해야 하는지, 상담한 내용이 혹여 나중에 타인
들에게 알려지는 것은 아닌지 등등의 예기불안과 함께 부정적
인 감정이 함께 있다.

반면 타인이나 다른 기관에 의해 위탁된 비자발적 내담자는
상담에 대한 불만과 분노, 상담자에 대한 불신까지도 겹쳐 매
우 심정이 복잡하다. 상담자가 이러한 내담자의 마음을 표출하
도록 하며, 이를 알아주고 이해하면서 상담자와의 적절한 상호
주관적인 나눔을 하는 것은 내담자와의 마음을 연결하는 매우

중요한 일이다. 다음 사례는 가정폭력 가해자로, 법원에서 위탁받은 내담자와의 상담 초기 대화이다.

사례

내담자 1: (말을 안 하고 모자 푹 쓰고 다리 꼬고 팔장끼고 침묵하고 있다가) 이런 거 한다고 뭐 달라져요? 이런 데는 정작 마누라가 와야지.

상담자 1: 문제는 부인에게 있는데 선생님만 상담 받으라고 해서 마음이 불편하신가 보네요.

내담자 2: 그렇지요. 부부가 싸우면 한 사람만 잘못인가? 게다가 하루 벌어서 하루 먹고 사는 사람 여기에 오면 오늘 일당이 날아간다고요. 당연히 화가 나지요. 우리 상황도 모르면서 개뿔 우리 가족을 도와준다고. 여기 오느라고 오늘 일도 못나갔잖아요. 이거 안 하면 법적으로 문제가 되니까 안 올 수도 없고…….

상담자 2: 무엇보다도 선생님 형편을 고려하지 않는 법원이나 정부 정책 때문에 화가 많이 나셨나 봐요. (그렇지요.) 저는 혹시 저에게 화가 나셨나 해서 긴장하고 있었거든요. 저한테 화난 게 아니라니 안도가 되네요.

내담자 3: (약간 웃으며) 나 원 참. 제가 선생님께 화낼 일이 뭐가

　　　　있어요. 오히려 고맙지요. 그래도 저 같은 사람 도와주

　　　　려는데.

상담자 3: (같이 미소 지으며) 저에 대해 좋게 생각해 주시니 다행

　　　　이네요. 그래도 일도 못하고 오셨어야 하니 많이 속상하

　　　　셨겠어요.

상담자와 상담 관계에 대한 내담자의 마음 이해하고 인정하기

상담자는 맞이하는 입장에서 상담실이 익숙하지만 내담자
는 처음 상담실에서 상담자와 마주하고 있는 것이 매우 낯선
일이다. 이러한 장면에서 내담자는 자신의 희망사항이나 불편
한 마음을 드러내기보다는 상담자가 무엇인가를 지시하거나
이끌어 주기를 원하기도 한다. 스스로에 대한 존재감이 낮은
내담자일수록 이 같은 현상은 두드러진다. 내담자가 자신과 함
께하고 있는 상담자에 대한 자신의 마음을 인식하고 표현한다
는 것은 이미 상담 관계 자체에서 치유적 힘이 나타나고 있는
것이다. 상담자는 이와 같은 관계를 위해 상담실에 있는 내담
자의 마음과 기대에 먼저 관심을 주어 자연스럽게 내담자가 자
신의 문제로 인해 위축되기보다는 치유적 관계를 위해 두 사람
의 마음을 연결해야 한다.

특히 상담자와 내담자는 상담실 내에서 서로 다른 문화적

상이점을 지니고 있다. 단순히 민족문화적 차이만이 다문화가 아니며 오늘날 우리 사회에서는 다양한 가치관과 가족 문화, 세대에 따른 문화 차이가 상존한다. 상담자는 무엇보다 내담자 안에 내재화된 문화적 가치관에 민감해야 하며, 이러한 문화 차이에 대해 학습자적 태도를 갖는 것은 매우 중요하다. 존재감이 향상되는 것은 자신의 주체적 개별성이 본래적 관계 속에서 드러나는 경험을 통해 촉진될 수 있다. 이러한 과정에서 내담자는 자신의 일상적 세계에서 겪는 것과는 다르게 새로운 관계를 직접적으로 경험하게 되며 닫힌 자신의 세계로부터 열린 시각을 갖게 된다.

사례

내담자 4: (한결 부드러운 목소리로) 그렇지요. 그런데 선생님! 이거 꼭 해야 하나요? 이런 거 한다고 해서 현실적으로 도움이 될 것 같지도 않고 좋지도 않은 부부 이야기하는 것도 부담스러운데…….

상담자 4: 상담 받는 것이 무의미한 것 같고 특히 낯선 사람에게 가정사 이야기하는 것이 당연히 부담스럽지요. 혹시 제가 어떤 모습이면 부담스럽지 않으실 것 같은지 궁금하네요.

내담자 5: 글쎄요……. 선생님이 저를 힘없는 아내나 때리는 망나

니로 안 보고 제 심정도 이해해 주면 좋겠어요. 파출소

에서도 법원에서도 다 나만 나쁜 놈으로 몰아가니 원!

아니, 손바닥도 마주쳐야 소리가 나지 나만 잘못했겠습

니까?

상담자 5: 선생님에 대해 편견을 갖지 말아달라는 의미로 들리네

요. 선생님의 마음을 잘 이해할 수 있도록, 그리고 저와

만나는 시간이 유익한 시간이 될 수 있도록 최선을 다

해 볼게요.

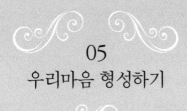

05
우리마음 형성하기

마음의 벽을 허물고 당신을 바라볼 때
비로소 당신이 보입니다.
마음을 열고 빈 마음으로 당신을 맞이할 때
비로소 당신은 내 마음속으로 들어옵니다.

그때 나와 당신을 갈라놓던 울타리가 낮아지고
만남의 설레임과 두려움 그리고 번거로움과 갈등 속에서
새롭게 '우리'라는 울타리를 만들어 갑니다.

-작가 미상-

생각해 보기

※ 내가 힘들 때 나를 돕고자 했던 사람들 중 진정으로 도움이 되었
던 사람과 도움이 되지 않았던 사람을 기억해 보라.

• 진정으로 도움이 되었던 사람의 어떤 특징 및 태도가 격려와 힘을
  주었나?

• 나를 돕고자 나름대로 노력했으나 나에게 도움이 되지 않았던 사
  람의 특징 및 태도는 어떤 것이었나?

• 두 사람의 비교를 통해 상담자로서의 자세와 태도에 대해 인식되
  는 것은 무엇인가?

상담에서 내담자가 진정으로 심리적 안정감을 얻을 수 있
는 때는 언제인가? 실제로 상담에서 내담자가 심리적 안정감
을 느끼지 못한다면 상담은 피상적이 되고 내담자는 자신의 내
면 깊숙이 숨어 있는 문제나 마음을 성찰하거나 개방할 수도
없다. 상담의 첫 만남에서 상담자와 내담자의 마음이 잘 연결
되면 자연스럽게 둘 사이에는 '우리'라는 울타리를 형성하게 된
다. '우리'가 된다는 것은 내(內)집단 속에 함께 들어가는 것으
로, 같은 팀이 된다는 것을 의미한다. '우리'가 될 수 있는 조건
은 무엇보다 심리적 유대감이 중요하며, 이러한 심리적 유대
감 속에서 '우리' 안에 속해 있는 사람들은 자신의 삶의 역사를
기꺼이 공유할 수 있게 된다. 즉, 내(內)집단의 일원임이 확인

될 때 심리적 안정감과 함께 자신의 깊은 내면을 개방하게 된다. 또한 삶의 역사를 함께할 때 '우리' 안에 있는 사람들의 심리적 유대감은 더욱 강화된다. 처음 만남에서 마음다리가 잘 연결될 때 내담자와 상담자는 서서히 '우리'라는 울타리를 형성하게 된다. 상담에서 라포(rapport)는 매우 중요하다. 그러나 라포가 이루어졌다는 것이 명확하게 상담자와 내담자가 어떤 관계적 상태를 만들었다는 것인가에 대한 이해는 상담 장면에서 분명치 않다. 라포는 치료적 동맹(therapeutic alliance)을 포함하고 있는 용어로서 일반적으로 상담이나 교육 등 전문적인 도움이 제공되는 관계에서 도움을 주는 자(helper)와 도움을 받는 자(helpee) 사이에 신뢰와 친밀성을 기반으로 형성된 관계를 의미한다. 이는 단순히 원활한 의사소통이나 친절한 관계적 접촉 이상의 의미를 지닌다. 실존통합심리상담의 관점에서 볼 때 라포는 내담자가 상담자를 자신의 개인적 삶 속으로 기꺼이 초대하여 서로 친밀하게 소통하는 관계가 될 뿐만 아니라 두 사람이 함께 문제를 해결하기 위해 진정으로 '우리'라는 팀을 형성하는 상태이다.

내담자가 자신의 문제를 마음속에 가리고 있는 상태에서
상담자와 상호작용

상담자와 내담자가 한 팀이 되어
마음속에서 외부로 꺼내진 문제를 함께 바라봄

진정으로 '우리'가 된다는 것은 단순히 어느 누군가 정해 놓은 원칙과 규율을 따라야 한다거나 서로 다른 의견을 가지면 안 된다는 의미가 아니다. 실존통합상담에서 진정한 우리가 될 수 있는 조건은 오히려 상호주관성(intersubjectivity) 개념을 바탕으로 한다. 상호주관성의 문자적 개념은 어떤 상황이나 사물에 대해 상대주의적 관점에서 바라보는 것을 의미한다. 한 예로 중국 출신으로 결혼을 통해 한국에 온 결혼이주여성 아내는 가족들과 함께하는 식사 시간을 너무 싫어한다. 그 이유는 식탁에서 밥그릇을 들고 먹는다고 시댁 식구들에게 늘 면박을 당하기 때문이다. 그녀는 가급적 혼자 먹으려고 하였으며, 이로 인한 갈등이 가족 내에 더욱 심화되었다. 그녀는 고개를 숙이고 그릇 가까이 입을 대고 밥과 국을 떠먹는 모습은 마치 개나 소 같은 동물의 식사 습성과 유사하게 느껴졌다. 실제로 자신이 성장했던 문화에서는 그릇을 들고 입으로 가까이 가져다 음식을 먹었다. 그녀는 시댁에서의 식사 예절이 비합리적으로 여겨졌고 그러한 식사 예절을 강요하는 것에 반발하였다.

상담을 통해 가족들은 한국과 중국의 식사법이 갖는 역사적 유래를 살펴보고 상대방에게 자신의 식사법을 강요하는 것이 그 사람에게 어떤 의미가 되는지에 대해 솔직한 개방을 통해 서로를 이해하게 되었다. 자신의 식사법이 모든 사람에게 적용되는 불변의 원칙이 아니라는 것을 알게 되었을 때 식사법으로 인한 갈등이 해결되었다. 더 나아가 가족 구성원 모두가 서로의 문화적 세계관을 상대방의 관점에서 이해하는 역량이 발전하는 기초점이 되었다. 이는 문화적 맥락에서 상호주관성을 기초로 하여 가족 구성원 서로가 진정한 '우리'라는 울타리를 만들어 가는 예이다.

'우리마음 형성하기'는 상담자와 내담자가 서로의 내면과 다른 상황을 상호주관성을 바탕으로 서로가 공유할 수 있는 좀 더 확장된 규범과 내적·외적인 상황에 대해 인식하는 과정이다. '우리마음 형성하기'의 단계에서 상담자는 다음의 세 가지 역할을 수행할 수 있어야 한다.

첫째, 상담자는 내담자와의 관계에서 상호주관적 경험과 확장을 위한 촉진자가 되어야 된다. 상담자는 내담자와의 관계에서 끊임없이 내담자의 내면적 상황만을 살피는 게 아니라 자신의 내면적 흐름과 둘 사이의 관계를 민감하게 살펴보고 자각할 수 있어야 한다. 즉, 내담자의 심정과 둘 사이의 관계 현상, 그리고 그것이 상담자 자신에게 주는 영향에 대한 민감함이 있어야 한다. 이는 상담 현장에서 민감한 자기성찰이 되어야 하며, 이를 통해 상호작용적 경험과 확장을 위한 촉진적 역할을 할 수 있어야 한다.

둘째, 상호주관성에 기초하여 상호 공감적인 의사소통에 대한 모델링을 제공하는 역할이다. 상담자는 무엇보다도 상담 현장에서 내담자와 본래적 관계를 만들어 가는 전문가이며 내담자는 본래적 관계의 경험을 통해 성장할 수 있다. 상호주관성에 기초한 본래적 관계는 두 사람의 태도와 마음가짐만이 아니라 어떻게 상호작용을 하느냐 하는 의사소통의 기술을 포함한다. 상담자가 아무리 내담자의 심정을 파악하고 둘 사이의 관계에 대해 민감하게 자각한다 할지라도 성장을 위한 상호작용을 할 수 없다면 그러한 자각은 무의미하다. 많은 경우 상담자는 내담자와의 관계에서 상호적으로 교류하기보다 내면에서 자신과의 대화(self-talk)에만 머물러 있는 경우가 많다. 상담자는 내담자를 매우 존중하면서도 서로 진솔한 상호작용을 할 수 있는 상호 공감적 대화를 나눌 수 있어야 한다.

상담자는 내담자의 마음을 수용하고 공감하는 데 급급하여 자신 안에 있는 것들을 닫거나 숨기거나 분석으로 넘어가는 게 아니고 상호 공감적 대화를 통해 내담자의 의사소통 방식에 있어서 모델링을 제공해야 한다. 이러한 의사소통에 대한 모델링은 상담자가 내담자와 우리 마음을 형성하도록 촉진할 뿐만 아니라 내담자 스스로가 주체적 자기를 형성할 수 있는 경험을 제공하는 기회가 된다. 이러한 경험은 단지 과거에 관한 많은 분석보다도 훨씬 더 큰 변화적 경험을 내담자에게 제공해 준다.

셋째, 상담자는 내담자와의 관계에서 상호 공감적 역량을 통해 둘의 개별성을 초월하여 연합할 수 있는 상담 구조를 만들어 가는 역할을 수행한다. 상담은 기본적으로 내담자가 성장할 수 있도록 촉진시키거나 내담자 스스로 자신의 문제를 해결할 수 있도록 돕는 과정이다. 따라서 상담은 분명히 성취하고자 하는 결과적 목표가 있는 활동이다. 이를 위해 상담자는 목표를 달성하기 위한 과정에서 내담자와 어떤 관계를 맺을 것인지, 어떤 방식으로 상담을 진행할 것인지, 각자가 해야 하는 일은 어떤 일인지 등등 상담의 전반적인 측면에서 구조적 틀을 형성하는 역할을 해야 한다.

그러나 실제로 상담에 관련된 사항에 있어서 상담자가 생각하는 것과 내담자가 알고 있거나 원하는 것 사이에 차이가 있을 수 있다. 자칫 이러한 구조적 틀을 만드는 과정 없이 상담자가 내담자의 정보와 문제 상황에 대한 탐색이 진행되면 상담관계는 상호적이기보다는 일방적이 된다. 내담자는 상담자의 질문에 따라 자신의 상황과 문제에 대한 정보를 밝히면서 동시에 자신의 문제를 상담자의 어깨에 위임하게 된다. 상담에서 구조적 틀을 형성하는 것은 '우리마음 형성하기' 과정에서 매우 중요한 상담적 개입이다. 이는 상담자의 일방적인 과정이 아닌 상호주관적인 관점에서 상호 공감적 의사소통을 통해 상담 장면에 있는 개별적 존재로서의 상담자와 내담자 두 사람을 초월하는 하나의 공유적 구조 틀을 형성하는 것이다.

결론적으로 실존통합심리상담의 '우리마음 형성하기'는 상담자가 단순히 내담자를 주도해 나가거나 내담자의 삶을 진단하고 판단하여 평가하는 것이 아니다. '우리마음 형성하기'는 오히려 상담자가 자신을 내담자 앞에 있는 실존적 실체로 드러내서 실존적 상담 동맹을 견고히 하는 것을 의미한다. 이를 통해 내담자는 상담자와 연합하여 객관적인 측면에서 자신의 문제와 상황을 현상적으로 보게 되며 심층적인 내면적 자기를 접촉하여 개방할 수 있는 안전지대를 형성하게 된다. 상담자가 우리마음을 형성하기 위해서는 객관성을 잃어버린 채 무작정 지지적이거나 지원적인 반응을 하기보다는 진솔한 마음의 교류와 상호 공감을 통한 심리적 연합이 중요하다.

'우리마음 형성하기'를 위한 상담자 가이드

문제보다 협력에 초점을 맞추라

상담 장면에서 상담자와 내담자는 각각 어떤 관계적 위치에 있는가? 일반적으로 상담자는 전문가이며 내담자는 전문가의 도움을 받는 자로 인식한다. 때로는 정신의학적 모델처럼 심리

적 문제를 다루면서 의사와 환자의 관계와 유사한 관계가 설정
되기도 한다. 그러나 실제로 내담자는 삶에서 실존적 자기를
유지하기 위하여 천재적인 능력을 발휘하며 살아온 '자기 삶의
전문가'이다. 단지 이전에는 본능적으로 자기를 보호하기 위한
방식이 현재 자신에게 적합하지 않거나 오히려 성장과 풍요로
운 삶을 방해하는 요소가 되고 있는 것이다. 내담자의 문제를
해결하고 성장을 이루기 위한 상담에서 내담자는 상담자가 다
루어야 할 객관적 대상이 아니라 상담자와 함께 자기 삶을 다
시 숙고해 보고 성장을 위해 새로운 선택을 하는 동반자이다.
따라서 상담은 필연적으로 상담자와 내담자가 서로 협력적 동
역자가 되어야만 한다. 상담자가 내담자를 협력자로 인정한다
는 것은 상담이라는 장면과 그 안에서 이루어지는 것에 대해
서로의 생각과 선입견을 충분히 이해하고 둘이 함께 상담의 과
정을 만들어 가는 것이다.

　상담의 초기 과정에서 상담자는 스스로 권위적 위치에 올라
서지 않도록 주의해야 한다. 상담자의 권위는 내담자와의 진솔
한 관계 속에서 내담자가 스스로 자신에 대한 내면적 힘을 기
를 수 있도록 촉진하는 가운데 자연적으로 생성된다. 따라서
상담자라는 직함이나 역할적 위치를 통해 권위적인 존재가 되
지 않도록 노력해야 한다. 따라서 상담자는 내담자가 호소하는
문제에 귀를 기울이면서도 내담자와의 협력 관계를 위해 서로

의 문화적 차이를 이해하고 상담에 대해 분명히 이해할 수 있
도록 상호작용하여야 한다. 또한 상담의 구조적 틀을 내담자와
함께 만들어 가는 작업에 주의를 기울여야 한다.

상담자와 내담자의 문화적 차이에 대한 이해

인간은 문화적 존재라고 해도 과언이 아니다. 비록 문화는
인간에 의해 만들어졌지만 결국 문화는 모든 인간의 삶을 조형
하는 가장 큰 요인이 된다. 따라서 사람의 관계에서 보이는 행
동과 다른 사람의 행동에 대한 해석은 문화적 배경 속에서 이
해되어야만 한다. 상담자와 내담자는 비록 인종이나 국가 차
원의 다문화적 관계는 아닐지라도 두 사람 모두 각자의 문화를
상담에 가지고 온 것으로 모든 상담은 다문화적 상담의 요소를
지니고 있다.* 상담 관계에서 상담자와 내담자 모두의 반응
패턴은 자신이 성장한 문화의 영향을 받아 온 산물이라 할 수
있다. 예를 들면, 어떤 내담자는 자신이 신뢰하는 권위자에게
자신의 의견이나 감정을 내세우지 않아야 한다는 문화적 배경
이 있는 반면, 다른 내담자는 신뢰하는 권위자에게는 매우 자
연스럽게 자신의 의견과 마음을 터놓아도 좋다는 배경을 지니
고 있다. 이는 상담자에게도 동일하게 적용된다. 상담자는 자

---

* 이에 대한 자세한 내용은 『한국적 다문화상담학(2011)』(한재희 저, 학지사)을 참조할
　수 있다.

신의 언어적·비언어적 반응 패턴을 분명히 인식하고 내담자의
문화적 성향을 토대로 언어적·비언어적 메시지를 올바로 해석
할 수 있는 다문화적 역량이 필요하다. 또한 상담자는 내담자
의 반응 패턴에 접목해 들어가거나 문화적 차이에 대해 세심한
관심을 기울여 줌으로써 더욱 수월하게 '우리'라는 심리적 울타
리를 형성할 수 있다. 필요할 경우 2장에서 간단히 언급했던 헤
이스의 ADDRESSING 모델을 도구로 활용할 수도 있다.

상담자와 내담자가 각자 자신에 대해 각 항목들을 작성하
고 비교하면서 이러한 차이가 상담 장면에서 어떤 영향을 미칠
것인가에 대해, 그리고 어떻게 서로를 이해하고 협력해 나갈
것인가에 대해 토의하는 것이다.

ADDRESSING 모델

- Age: 나이와 세대 요인(가족발달주기를 포함함 연령과 세대에
  따른 특성)
- Developmental disability: 발달적 장애(선천적으로 지니고
  있는 장애 요인과 그러한 요인이 주었던 영향)
- Disability acquired later in life: 후천적 장애(살면서 발생
  한 불의의 사고나 병 등 그러한 요인이 준 영향)
- Religion and spiritual orientation: 종교와 영적 지향(자
  신이 지닌 종교에 대한 신념과 가치)

- Ethnic and racial identity: 민족적·인종적 정체성(자신이 타고난 민족 및 인종에 대한 정체성)

- Socioeconomic status: 사회경제적 지위(직업, 거주 지역, 교육 정도, 경제적 여건 등)

- Sexual orientation: 성적 경향성(이성애자, 동성애자, 양성애자)

- Indigenous heritage: 토착적 유산(조상으로부터 물려받은 전통)

- Nationl origin: 국적(현재 여기에서 외국인 혹은 자국민으로 살고 있는지)

- Gender: 사회적인 성(사회적으로 길러진 성역할)

사례

상담자 1: 나는 50대 남성이고 선생님은 30대 여성이신데 혹시 이러한 차이로 인해 염려 되시는 부분이 있으신지 궁금하군요.

내담자 1: 선생님이 혹시 제 가족 이야기를 할 때 다니던 직장을 중단하고 어린아이를 양육하는 30대 주부의 심정을 정말 잘 이해해 주실지가 조금은 신경이 쓰이네요…….

상담자 2: 내가 직접 겪어 본 일이 아니기에 생생하게 선생님의 마

음을 이해하지 못할까 봐 염려가 되시는군요. 선생님과

내가 배경이 다른 것으로 인해 또 다른 염려가 있으신지

요?

내담자 2: 음…… 그리고 저는 어릴 때부터 부모님에게 어른에게

는 무조건 순종해야 한다고 교육을 받았어요.

상담자 3: 우리 사이에 여러 가지 문화적 배경에 차이가 있네요.

그럼 좀 더 구체적으로 상담에서 우리도 모르는 사이에

상담에 장애물이 되거나 잘못 오해할 수 있는 것이 있는

지 잠시 검토해 볼까요. ADDRESSING 용지가 있는

데 필요한 부분만 각자 작성해서 나누어 볼까요?

상담 활동의 의미와 진행 과정 이해

'상담은 과연 무엇을 하는 활동인가?' 또는 '상담에서는 어

떤 일이 수행되어야 하는가?' 등에 대한 생각은 상담자들조차

도 철학적 가정과 나름의 접근 방식에 따라 매우 다양하다. 대

부분의 내담자는 상담의 진행 방식과 상담에서 하는 일에 대해

명확하게 알고 상담 현장에 오지 않는다. 많은 내담자는 주로

상담을 생각할 때 상담자가 질문하면 자신은 그것에 따른 대답

을 해 주고 그 후 상담자가 자신의 문제에 조언을 하거나 해결

해 주는 것으로 알고 있다. 따라서 상담 활동에 대한 상담자와 내담자의 인식 차이는 때때로 상담에서 협동 작업과 우리 마음을 형성하는 것에 장애물이 될 수 있다.

상담 활동에서 내담자가 상담자의 역할에 대해 오해하기 쉬운 몇 가지가 있다. 첫째, 교통순경의 역할을 기대하는 것이다. 교통순경은 주로 차량의 흐름을 통제하며 진행 방향을 지시하는 역할을 한다. 내담자도 때로는 상담자에게 자신의 삶의 진행 방향과 흐름을 제시해 주길 기대하면서 상담 장면에 찾아온다. 둘째, 심리적 점쟁이 역할로서 내담자는 상담자가 자신의 문제에 대한 원인이나 심리적 특성을 마치 점쟁이처럼 명확하게 맞추어 주는 것을 상담 활동으로 여기기도 한다. 셋째, 내담자가 상담자 역할에 대해 마치 족집게 가정교사처럼 자신의 문제에 대한 독특한 특성을 파악하고 정답을 꼭 집어서 제시해 주는 것으로 오해하는 마음을 갖고 상담 현장에 찾아오기도 한다. 마지막으로, 내담자는 상담 활동을 마치 마술처럼 여겨 순식간에 자신의 문제가 사라지고 삶의 현상이 바뀔 것으로 오해하기도 한다. 내담자의 눈에 상담자는 자신의 삶에 마술을 부려 주는 마술사로서의 역할을 기대한다. 그러나 상담자는 결코 교통순경이나 심리적 점쟁이 혹은 족집게 교사나 마술사가 될 수 없으며 그러한 기대를 내담자에게 주어서도 안 된다.

따라서 상담자는 상담 초기에 내담자가 생각하고 있는 상담에 대한 선입견이나 가지고 있는 인식을 파악하고 서로 나눠야 한다. 이러한 과정에서 상담자는 일방적인 교육이 아니라 내담자의 생각에 대해 수용하면서도 상호 교류적인 방법을 통해 앞으로 함께 만들어 갈 상담 진행과 활동에 대해 이해하도록 해 주어야 한다. 이러한 과정은 상담자가 내담자를 상담 진행의 올바른 동역 파트너로 초대하는 것이 된다.

사례

내담자 1: 상담은 어떻게 하는 거지요? 제가 무엇을 준비해야 하나요?

상담자 1: 상담 진행에 대해 궁금하시리라 생각돼요. 혹시 오시면서 상담을 어떻게 할 것이라고 생각하셨는지 먼저 알 수 있을까요?

내담자 2: 글쎄…… 깊게 생각해 보지는 않았어요. 그런데 그냥 선생님이 질문하시는 것에 대해 제가 잘 대답하고…… 그리고 선생님이 전문가시니까 저에게 좋은 방안을 마련해 주실 것이라고 생각되는데요.

상담자 2: 제가 전문가로서 선생님의 문제를 잘 파악해서 해결 방안을 가르쳐 주리라 생각하셨군요. 이런 방향 제시가 실제로 얼마나 도움이 될 것 같은지요?

내담자 3: 뾰족한 방안이 딱 떨어져 나오지는 않을 것 같아요. 그
렇다면 벌써 고민이 해결되었겠지요. 그러면 어떻게 하
면 되지요?

상담자 3: 정답을 알려 주기보다는 저 역시 선생님의 어려움에 대
해 함께 고민할게요. 그리고 선생님이 현재의 이러한 상
황을 잘 파악할 수 있도록, 최선의 방안을 찾아내실 수
있도록 도움을 드리고 싶은데요.

상담의 구조 틀 만들기

상담은 목표가 있는 관계적 활동이다. 관계는 어떤 형태가
되었든 일종의 사회적 활동이며, 사회적 활동은 의도적이든 의
도적이 아니든 나름의 독특한 상호적 활동 방식의 틀을 자연스
럽게 형성한다. 상담에서도 상담자와 내담자의 관계에서 명시
적이든 암묵적이든 관계 양식의 틀이 형성될 수밖에 없다. 이
는 마치 둘 사이의 사회문화적 규범과도 같은 것이다. 이를 일
반적으로 상담의 구조화라고 한다. 많은 경우 상담자는 상담
구조화를 상담의 기간, 상담 시간, 상담료, 지각이나 결석할 때
의 처리 방식, 비밀 유지, 상담자와 내담자의 역할 등 외적인 규
칙을 수립하는 것으로만 알고 있다. 상담 활동 초기에 이러한
구체적 사항에 대해 모호함이 없도록 명시적인 규칙과 구조를

만드는 것은 상담자의 역할 중 하나이다.

상담에서 외적이고 명시적인 구조를 만드는 것보다 더욱 중요한 것은 상담자와 내담자의 관계 방식이나 의사소통에서 의식적이지 않으면서도 둘 사이에 암묵적으로 자연스럽게 형성된 관계적 규범이나 패턴이다. 상담자는 무엇보다도 관계 방식의 구조화에 더욱 민감해야 한다. 특히 상담이 진행되는 전체 과정에서 의사소통 방식에 대한 의사소통이라 할 수 있는 메타의사소통에 대한 끊임없는 각성을 통해 둘 사이의 바람직한 관계와 의사소통의 틀을 구축해야 한다.

상담의 구조 틀을 만든다는 것은 단지 외적인 규칙이나 둘 사이의 관계 패턴을 의도적으로 형성하는 것으로 여겨진다. 하지만 상담의 구조 틀을 좀 더 광의적으로 설명하면 상담자가 내담자와 함께 '우리'라는 한 팀을 만들어 가는 작업이라고 하는 것이 더 적절하다. 이를 위해 상담자는 내담자와 구체적이며 상호적인 의사소통을 통해 상담에서의 외적 규칙뿐만 아니라 건설적인 관계 패턴을 만들어 가야 한다.

두 사람이 짝을 지어 각각 상담자와 내담자 역할을 통해 다음 사례의 A와 B에 대해 시연한 후 토의해 보라. 사례 A는 상담자가 일방적으로 제시하는 구조화의 예이며, 사례 B는 상담자가 내담자와 함께 '우리'라는 구조적 틀을 만드는 과정의 예라 할 수 있다.

사례 A

상담자 1: 상담 시간을 오전 11시로 정했는데 계속 이 시간으로 해도 괜찮으신지요?

내담자 2: 예, 괜찮습니다.

상담자 2: 고맙습니다. 혹시 못 오시게 될 경우에는 하루 전에 꼭 연락 주시기 바랍니다. 사전에 연락 없이 안 오시는 경우는 상담료의 반액을 지불하시게 됩니다.

내담자 2: 알겠습니다.

상담자 3: 여기서 말씀 나눈 이야기는 제가 비밀을 유지합니다. 그러나 자살 의도 혹은 타인을 해칠 계획을 제가 알게 되었다면 비밀을 유지할 수 없습니다. 또한 법원에 의해 요청된 것은 그 부분에 한해 공개될 수도 있습니다. 그럴 리가 없으리라 생각하니 가급적 저를 믿고 편안하게 말씀 다 하셔도 괜찮습니다.

내담자 3: 예. 그렇게 하겠습니다.

사례 B

상담자 1: 오늘 우리가 오전 11시에 만났는데 이 시간으로 정하는 것은 어떠신지요?

내담자 2: 예, 괜찮습니다.

상담자 2: 잘 됐네요. 혹시 그 시간에 불가피한 일이 발생하는 경우 우리가 서로 어떻게 하면 좋을까요?

내담자 2: 정말 급작스런 일이 아닌 이상 제가 못 오게 되면 미리 연락 드리면 되는지요? 언제까지 연락 드리면 되지요?

상담자 3: 제가 시간을 활용할 수 있도록 최소 하루 전까지 연락 주시면 저 역시 배려 받는 느낌이 들 것 같아요. 센터 규정에 따르면 연락 없이 상담이 취소되면 상담료의 반액을 지불해야 하기 때문에 그런 불이익이 없으시면 좋겠어요.

내담자 3: 알겠습니다. 부득한 상황이 생기면 미리 연락 드릴게요. 선생님께서도 특별한 일정이 있으시면 말씀해 주세요.

상담자 4: 그렇게 할게요. 저와 상담하면서 혹시 염려되는 일이 있으신지 궁금하네요. 어찌하면 정말 마음 편안하게 깊은 이야기를 나눌 수 있을까요?

내담자 4: 사실 제 가족 이야기를 하는 것이 마음이 편치는 않아요. 선생님께서 다른 사람들에게 말씀하지 않으신다는 것은 알겠지만 그래도 조금 걱정이 되네요.

상담자 5: 그렇지요. 그래서 저 역시 상담자로서 특별히 유의하는 사항이 그 부분입니다. 비밀유지 규정이지요. 여기 함께 읽어 보실까요?

문제보다 미래적 동기 유발에 초점을 맞추라

　사람과의 관계에서 자신이 타인보다 한 단계 높은 위치에 있는 모습으로 보이기 원하는 사람은 '타인과 나'의 관계가 '우리'라는 의식을 갖게 하기보다는 종속적 특성이나 일방적 특성을 드러내는 것을 좋아한다. 이들은 때로는 자신을 신비화하려는 상징들을 활용한다. 도움의 관계에서도 이와 같은 현상이 잘 드러난다. 예를 들어, 굿을 하거나 점치는 곳 대부분은 매우 화려하고 신비롭고 위압적인 분위기를 연출한다. 진행자는 특이한 복장과 여러 묘한 행동을 통해 신비스러움을 자아내려고 하며 많은 경우 모호하고 추상적이면서도 간간히 고압적인 말투를 통해 상대방이 움츠러들고 의존적이 되도록 만든다. 역사적으로 보면 종교가 본질에서 벗어날수록 종교 의식이 행해지는 장소는 더욱 화려해지고 종교인들의 복장은 더욱 많은 장식품들로 치장된다. 이러한 종교 지도자들은 외적 치장과 장식이 달린 복장 속에 자신을 숨기고 상대방과 어우러지기보다는 분리되어 한 계단 높은 곳에 서 있기를 원한다. 상담자 역시 자칫 내담자와의 관계에서 한 단계 높은 위치에서 심리적 지식과 여러 심리 검사 등을 통해 내담자에게 신비로움을 조장하고 내담자가 자신에게 종속되는 관계를 형성할 수도 있다. 상담자가 내담자와 맺는 실존적 관계는 무엇보다도 내담자를 대상화시키지 않는 것이 중요하다. 상담자는 내담자와의 계층화된 관계가 아닌 진솔한 수평적 관계를 통해 '우리'라는 마음과 함께 내담자의 삶 속으로 초대되는 관계이다.

일반적인 사람들 사이의 관계에서 서로가 협력자로서 '우리마음'이 형성되는 것은 기본적으로 어떤 사건이나 문제 또는 상황에 대한 분석적 논쟁이나 혹은 일방적인 상명하복의 관계보다는 서로가 함께 만들어 가는 미래의 목표가 있을 때 쉽게 이루어진다. 또한 어떤 공동체에서 지난 일들이 괴로운 고통으로 얼룩져 있고 현실적으로 힘들다 할지라도 미래에 대한 기대가 있을 경우 함께하는 사람들의 마음이 조화롭게 연결된다. 따라서 '우리마음 형성하기' 과정에서 상담자는 내담자와 상담의 동기와 상담자에 대한 기대, 상담을 통한 미래의 현상에 대한 기초적 그림을 그려 봄으로써 상담에 대한 현실을 직시하면서도 상담에 대한 긍정적 동기가 부여되도록 하는 것이다. 이를 위해 상담자는 높은 위치에서 단순히 내담자의 삶을 진단하고 평가하여 처방 내리는 것이 아닌 자신을 내담자 앞에 있는 실존적 실체로 드러내서 실존적 상담 관계를 견고히 하는 것에 초점을 두어야 한다.

상담 동기 및 기대에 대한 현상적 이해

내담자는 분명히 상담에 오게 된 현실적인 계기와 동기가
있다. 이는 일반적인 관점에서 호소 문제와 촉발 사건이라고
할 수 있다. 이러한 동기 속에는 내담자가 상담을 통해서 자신
이 얻고자 하는 것에 대한 기대를 포함하고 있다. 실존통합심
리상담자 역시 호소 문제를 명료화하고 촉발 사건을 이해하는
것은 중요하다. 하지만 상담자가 더욱 초점을 두어야 할 것은
내담자의 동기 속에 있는 기대를 현상적으로 볼 수 있도록 활
성화시키는 것이다. 상담자가 초기에 내담자의 호소 문제와 촉
발 사건 내용 자체에만 집중하다 보면 내담자는 초기 개방을
하면서 더욱 막막해지고 실마리가 보이지 않는 느낌을 갖게 된
다. 혹은 상담자가 자신을 위해 무언가를 해 줄 것이라는 비현
실적인 기대를 갖기도 한다.

상담자는 비록 구체적이지는 않지만 내담자가 이러한 상담
적 만남을 통해서 무엇인가 달라질 수 있다는 기대를 스스로
가지도록 촉진해야 한다. 이를 위해 상담자는 설득이나 교육,
조언, 지지가 아닌 내담자가 상담을 통해 변화될 수 있는 자신
을 그려 낼 수 있도록 현상적으로 접근해야 한다. 여기서 현상
적이라는 말은 내담자의 현실 그대로를 왜곡시키지 않으면서
변화된 자신의 모습에 초점을 두는 것을 의미한다. 이럴 때 상
담에서 내담자는 상담자와 좀 더 솔직하고 개방적으로 상호작

용할 수 있으며 상담에 적극적으로 참여하고자 하는 용기를 갖게 된다. 이러한 상담에 대한 적극성과 참여하고자 하는 용기는 자연스럽게 상담자와 하나의 팀을 형성하는 '우리' 공동체를 만들어 간다.

사례

내담자 1: (자신이 상담에 오게 된 이유를 설명) 우울한 건 항상 있었는데 최근 들어 자주 눈물을 흘릴 정도로 우울하고 너무 무기력한 거예요. 밤에 잠도 잘 오지 않고요. 내 의지대로 조절이 안 되니까 자꾸만 절망하게 돼요.

상담자 1: 최근 급격하게 무기력과 우울, 불면 등으로 심한 절망감이 들어 이를 극복하는 데 도움을 받고 싶으신 거네요. 혹시 상담이 끝났을 때 자신의 어떤 모습을 보면 망설였지만 용기 내서 상담을 받은 것이 정말 잘한 일이었다는 생각이 들 수 있는지요?

내담자 2: 마음이 편안해졌으면 좋겠어요. 그래서 어느 정도 밤에 잠도 잘 수 있고 나름대로 하루 일과를 어려움 없이 수행할 수 있으면 상담 받은 것을 잘했다고 생각할 것 같아요.

상담자 2: 그런 모습을 머릿속에 그려만 봐도 저 역시 무척 기쁘네요.

내담자 3: 그렇게 되면 정말 좋겠어요.

상담자 3: 우리 둘이 함께 나누는 시간들이 그런 선물을 가져다 줄 수 있기를 바라요. 이러한 상태를 혹시 1에서 10 사이의 점수로 표시할 수 있을까요?

내담자 4: 현재를 2라고 하면 원하는 것은 7 정도면 될 것 같아요.

상담자 4: 그렇군요. 그러면 2에 대한 것과 7에 대한 모습을 좀 더 우리가 함께 이해할 수 있도록 구체적으로 설명해 주시면 좋겠네요.

상담자에 대한 기대감을 현상적으로 이해

전문가로서의 상담자는 상담적 대화에서 일반 사회 속에서 타인을 돕는 사람들과 무엇이 다른가? 아마 내담자와의 대화에서 내용의 심층적인 내용뿐만 아니라 자연스럽게 표현할 수 있는 관계를 맺을 수 있는 것에 차이가 있을 것이다. 대부분 내담자가 마음 깊이 지니고 있는 문제는 내용만이 아니라 수치심이라는 감정이 결부되어 있다. 그렇기 때문에 상담의 첫 회기에 노출하는 문제는 실제로 내담자가 고통스러운 내용과 일치하지 않는 경우가 많다. 기본적으로 사람은 타인과 심리적 안전지대를 형성하기 전까지는 마음에 지니고 있는 상처에 엉켜 있는 이야기를 쉽게 풀어낼 수 없다. 비록 분노와 절망은 표출할지라도 내면의 깊은 곳으로 타인을 초대하지 않는다. 내담자는 상담자와 심리적 안전지대가 형성되어 있을 때 자연스럽게 자신의 내면에 대해 개방하며 자신도 의식하지 못했던 심층적 감정을 경험하게 된다. 이러한 정서적 활성화 속에서 삶의 방향키와 같았던 자신의 가치관이나 핵심 신념을 성찰하고 깨닫게 된다.

무엇보다도 내담자가 개방하는 내용의 깊이는 상담자와 내담자가 형성하는 '우리'라는 느낌의 안전지대 수준에 비례한다. 따라서 상담자는 내담자가 자신의 심층적인 문제를 빠른 시간에 노출하도록 개입하기보다는 내담자가 심리적 안전지대임을 확신하도록 하는 개입이 필요하다. 내담자가 상담자와의 관계에서 어떤 기대가 있는지에 대한 상담자의 관심은 상담 관계에서 어떤 활동보다도 안전지대를 형성하는 매우 중요한 요인이 된다.

사례
(부모로부터 의뢰된 17세 청소년 내담자, 둘의 '우리' 관계를 설정하기 위한 상담)

상담자 1: 상담실에 오면서 편치 않았을 텐데 오면서 마음이 어떠했는지 말해 줄 수 있어요?

내담자 1: 정말 짜증나요. 내가 뭘 잘못했다고…… 난리야. 엄마도 나를 못 잡아먹어서 안달이야. 에이 씨.

상담자 2: 엄마 때문에 억지로 상담실에 와서 짜증이 많이 났네. 싫은 걸 억지로 오려니 화도 엄청 났겠네요.

내담자 2: 화나지요. 내가 학교 가기 싫다는데…… 자기 일이나 잘하면 될 것이지…… 괜히 내 인생에 간섭하고 난리야……. 정말 어디로 확 도망가고 싶어요.

상담자 3: 에구. 가출하고 싶을 만큼 마음이 불편하구나. 나도 조금은 난감해지네……. ○○는 상담 받기 싫고 엄마는 억지로 상담실에 밀어 넣고 이를 어쩌지? 혹시 상담실에 오기 싫은 이유만이라도 나에게 속 시원하게 알려 줄 수 있어요?

내담자 3: 상담 받아봐야 뻔하지요. 학교 잘 다니라고 할 거고…… 엄마가 이미 말씀하시지 않았어요?

상담자 4: 엄마가 나에게 부탁해서 ○○를 설득하라고 생각하고 있는 것 같구나. 난 ○○과 만나고 ○○의 마음과 상황을 잘 이해하고 싶고, ○○와 함께 뭔가를 잘 결정하고 해결하고 싶은데…….

내담자 4: 그런데 여기 얼마나 와야 해요?

상담자 5: 그거야 ○○와 함께 생각해 봐야 하지 않겠어요? 어차피 몇 번은 더 와야 하지만. 어쩔 수 없이 오는 동안만이라도 ○○는 내가 어떻게 해 주길 원하는지 잠시 생각해 보고 말해 주면 고맙겠네.

내담자 5: 글쎄요. 제 입장 좀 이해해 주면 좋겠어요. 여기서 제가 무슨 얘기를 해도 엄마에게 알려지지 않았으면 좋겠어요. 친구들까지도 곤란해져요.

상담자 6: 상담하는 것과 관련하여 ○○가 친구들 입장까지 고려해야 하는 일이 있나 보네. 엄마가 많이 궁금해서 나에게도 많이 물어볼 것 같은데…… 그러면 엄마가 물어봐도 우선은 가급적 ○○에게 직접 들으시라고 말할게요. 혹시 엄마와 상담실에서 만나야 하는 일이 생긴다면 먼저 ○○와 상의하고 ○○가 허락하는 범위 안에서 이야기하도록 할게요. 하지만 몇 가지 사항만은 예외예요. ○○를 보호하기 위해서지요.

내담자 6: 그게 뭔데요?

상담자 7: ○○가 자신이나 다른 사람을 해치려 하거나 가출 계획이 있다면 ○○의 안전을 위해 일단은 먼저 알려야 해요.

내담자 7: 그런 건 염려하지 않으셔도 돼요. 실제로 그럴 마음이 있는 건 아니에요.

상담자 8: ○○ 생각을 말해 주니 안심이 되네. 그러면 우리 둘이

한 팀이 되면 좋겠어. 어때?

내담자 8: 알았어요. 잘해 볼게요.

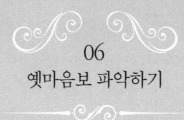

06
옛마음보 파악하기

누군가를 업어 준다는 것은
희고 눈부신 그의 숨결을 듣는다는 것
그의 감춰진 울음이 몸에 스며든다는 것
서로를 찌르지 않고 받아 준다는 것
쿵쿵거리는 그의 심장에
등줄기가 청진기처럼 닿는다는 것

누군가를 업어 준다는 것은
약국의 흐릿한 창문을 닦듯
서로의 눈동자 속에 낀 슬픔을 닦아 주는 일
흩어진 영혼을 자루에 담아 주는 일

– 박서영, 「업어준다는 것」 중에서

상담은 내담자 스스로가 문제를 해결하고 성장할 수 있도록 힘을 부여하는 과정, 즉 'empowering process'이다. 앞에서 언급했듯 상담자가 교통순경이나 마술사 혹은 심리적 점쟁이나 족집게 교사처럼 삶의 문제를 어느 순간 시원하게 해결하는 것은 아니다. 상담자는 내담자의 증상이나 단순한 기능 차원의 문제에 대한 노력보다도 내담자 자체를 전인적 차원에서 이해하도록 노력해야 한다. 누군가의 힘든 마음을 이해하고 진정으로 돕는다는 것, 즉 누군가의 마음을 업어 주고 안아 준다는 것은 뿌옇게 낀 인생 유리의 창문을 닦아 주는 것이다. 그래서 도움 받는 사람이 스스로 흩어진 마음과 삶의 조각들을 모아서 자신을 이해할 수 있는 안목을 제공받아야 한다. 따라서 무엇보다도 실존통합상담자가 가져야 할 것은 인간의 마음을 총체적이면서도 실존적 차원으로 이해할 수 있는 능력이다.

성찰적 토의

※ 우선 잠시 동안 당신이 다른 어떤 사람과 중요한 문제 혹은 어렵고 힘든 상황에 대해서 얘기를 나누었던 때(다음의 두 가지 경우)를 회상하고 그 당시의 주고받은 이야기와 전체적인 맥락을 구체적으로 머릿속에 그려 보시오. 그리고 다음 질문에 따라 토의해 보시오.

• 첫 번째 경우: 비록 해결점이 명백하게 드러나지 않았을지라도, 당신이 그 고민을 함께 나누고 난 후 마음이 가벼워지고 기분이 더 맑

아졌으며 삶의 문제들이 어떻게 연관되어 있는가에 대해 새로운 이해를 하게 된 경우

• 두 번째 경우: 힘든 상황을 해결하기 위해 당신이 그 고민을 함께 나누고 난 후 오히려 마음이 무거워지고, 당신을 고통스럽게 하는 삶의 문제들에 대한 새로운 이해보다는 더욱 혼란스러워진 경우

1. 당신의 문제를 다른 사람에게 이야기하는 과정에서 상대방과 어떤 상호작용과 모습이 당신을 더욱 명확하게 이해하거나 혼란스러운 차이를 만들어 냈는가?

2. 당신이 자신에 관해 이야기함으로써 삶의 문제들이 어떻게 연관되어 있는가에 대해 새로운 이해를 얻게 된 경우와 그렇지 못한 경우의 각각의 이유가 무엇인가?

3. 두 가지 경우 각각의 이야기 과정에서 어떤 특성들이 서로 다른가?

'옛마음보 파악하기'에 대한 이해

상담에서 내담자의 회복과 성장은 내담자가 자신의 특성에 대한 이해를 바탕으로 할 때 일어난다. 상담에서 무엇보다도 중요한 것은 내담자의 삶의 특성과 총체적인 마음을 현상적 차원에서 이해하여야 한다는 점이다. 이를 통해 삶의 문제와 마음이 어떻게 연관되어 있으며 어떤 의미를 부여하고 해석하는지에 대해 상담자의 구성적 차원에서 내담자를 이해할 수 있어

야 한다. 이는 내담자의 사고방식, 정서, 의지, 행동뿐만 아니
라 대인관계의 형식과 책임 및 삶의 선택 등 실존적 삶을 이끌
어 가는 전반적인 가치 체계 모두를 포함하는 것이다.

실존통합심리상담에서 '옛마음보 파악하기' 단계는 기본적
으로 상담자가 내담자의 세계관을 이해하고 이를 개념화하는
과정을 의미한다. 이를 통해 상담자가 내담자의 내면세계에 대
해 전인적이며 총체적으로 이해하고, 이를 기반으로 하여 상담
목표와 개입을 위한 전략을 세우는 과정이다.

대부분의 상담 이론에서는 상담 실제를 수행할 때 상담자가
상담자 관점에서 내담자의 문제를 이해하고 목표와 전략을 설
정한다. 이를 일반적으로 사례개념화라고 하며, 이는 상담자의
매우 중요한 전문가적 역량으로 인식된다. 그러나 사례개념화
는 자칫 상담자가 내담자를 하나의 사례로서 분석하여 대상화
하고, 문제 상황이나 부분적인 특성에 집중하여 기능적으로 인
식할 수도 있다. 따라서 사례개념화는 상담의 이론적 틀에 따라
다르게 형성된다. 정신역동적인 접근은 주로 무의식적 심리 과
정과 갈등에 초점을 두고 있다. 인지적 접근은 역기능적 신념과
사고에 초점을 둔다. 행동치료적 접근은 자극 반응에 주목하고
있고 해결중심 단기 치료는 예외 상황에 초점을 두고 있다. 가
족상담은 관계 구조 및 시스템적 접근에 초점을 두고 있다.

그러나 실존통합적 접근에서 상담자는 내담자가 실존적인

삶의 방식과 '마음보' 내면에 자리잡고 있는 존재감, 가치 체계, 삶의 의미 등을 총체적 측면에서 이해해야 한다. 이를 위한 세계관 개념화는 상담자가 내담자의 실존적 삶으로부터 현상적으로 얻은 정보에 대한 상담자적 이해를 통해 내담자의 삶에서 나타나는 '마음보'를 전체적으로 그리고 가시적으로 설명해 보는 것이다. 상담은 이러한 바탕 위에서 내담자 스스로 탐색과 자각이 이루어지고, 현실적 한계 상황의 테두리 안에서 내담자가 자신의 삶에서 원하는 선택을 위해 목표와 전략을 수집하기 위한 과정을 거쳐야 한다.

예를 들어, 내담자가 심각한 우울과 타인에 대한 분노를 가지고 있다면 이는 마음보 안에 있는 정서적인 특징이다. 그런데 단순한 우울과 분노에 대한 관심만이 아니라 내담자의 우울과 분노가 주는 메시지가 무엇인가를 파악할 때 비로소 이 사람의 가치 체계나 이 사람의 세계관을 이해할 수 있다. 이것은 내담자가 삶 속에서 지니고 있는 세계관의 틀로 보아야 한다. 물리적 세계, 관계적 세계, 내면적 세계, 정신(영)적 세계의 특성, 그리고 인지, 정서, 행동, 대인관계까지, 이것을 전체적으로 볼 때 비로소 이 사람은 어떤 가치 체계를 가지고 있고, 어떤 것을 획득하기 위해서 이렇게 화를 내고 있거나 우울한지, 어떤 가치가 자신이 설정한 가치관과 맞지 않기에 이렇게 낙담하고 있는지 등 전체적인 틀로 볼 수 있다.

결론적으로 상담자는 내담자의 고통을 이해할 때 무엇보다도 전인적 차원에서 볼 수 있어야 한다. 전인적 차원에서의 이해는 내담자의 문화적 상황 속에서 내담자의 대인관계 및 행동, 사고 및 정서적·영성적 특성이 해석되어야 한다. 즉, 내담자의 존재 양식은 내담자의 기질적 특성이 문화적 배경과 가족적 배경 내에서 형성된 생존의 방식이라 할 수 있다. 따라서 상담자는 내담자가 보이는 현재 증상과 행동 양식에 대해 실존적인 존재 양태 속에서 그 원인을 탐색할 수 있는 안목을 가져야한다. 이러한 시각을 통해 상담자는 내담자의 마음보를 파악하며, 이를 통해 나오는 대인관계 및 행동 패턴, 인지 도식 및 정서적 표출 양상, 그리고 증상적 특성을 설명할 수 있어야 한다. 이러한 과정에서 상담 기간 내에 이룰 수 있는 장기 또는 단기에 걸친 상담 목표와 개입을 위한 상담 계획을 자연스럽게 설정할 수 있다.

'옛마음보 파악하기'의 세 차원

옛마음보 파악하기 과정은 내담자의 '세계관 개념화'를 중심으로 상담 현장에 오는 계기가 된 '촉발 사건과 호소 문제' 그리고 '목표와 개입' 등을 포함한다. 다음 설명에서 1단계인 묘사적 차원과 2단계인 구성적 차원은 세계관 개념화를 의미하며, 목표와 개입은 전략적 차원에 해당한다.

- 1단계: 묘사적(Discriptive) 차원

 내담자의 삶과 마음 등 현상적인 생애 정보를 토대로 이해한다(내담자가 보여 주는 세계를 내담자적 안목으로 이해).

- 2단계: 구성적(Structural) 차원

 묘사적 차원을 자료로 하여 상담자의 실존통합심리상담적 이론과 경험을 기반으로 이해한다(내담자에 대한 상담자적 안목의 이해).

- 3단계: 전략적(Strategic) 차원

 구성적 차원의 자료를 토대로 내담자 문제에 대한 가설 설정, 상담 목표 및 개입을 위한 상담자의 계획(내담자의 성장과 문제해결을 위한 상담자적 접근에 대한 이해)

묘사적 차원에 대한 이해

 실존통합심리상담자는 무엇보다도 현상학적 시각으로 내담자의 삶을 이해해야 한다. 현상학적 시각이란 어떤 사물이나 현상을 있는 그대로 보는 안목을 의미한다. 실제로 사람과의 상호작용에서 상대방을 있는 그대로 이해하는 것은 매우 어렵다. 일반적으로 사람은 상대방의 언어와 행동, 태도 등을 자신의 시각으로 구성하여 이해하는 것이 자연스럽고 익숙하다. 상담자가 내담자를 현상학적 시각으로 보기 위해서는 무엇보다 자신의 시각에 대한 판단 중지(epoche)와 괄호 치기(blanket)를 할 수 있어야 한다. 성철 스님의 법어 가운데 "산은 산이요 물은 물이다."라는 유명한 말이 있다. 이는 깨달음의 과정에서 여러 해석이 있을 수 있으나 가장 단순하고 명료한 진리는 자신의 마음을 비우고 '있는 그대로 보는 안목'을 의미하기도 한다. 이는 사물과 현상을 자신의 판단과 평가로 왜곡하지 않을 뿐만 아니라 왜곡할 수 있는 자신의 가치관과 시각을 의식화하여 그것이 영향을 미치지 못하도록 하면서 있는 그대로 볼 수 있을 경지에 이를 때 가능하다. 상담에서 내담자의 마음보를 이해하기 위해서는 내담자의 삶에 대한 묘사적 차원의 이해가 선행되어야 한다. 내담자의 삶의 현상은 현재적 호소 문제, 발달 과정과 문화적 맥락, 그리고 내담자의 자원을 포함한 내담자의 물리적 환경 세계, 관계적 세계, 내면적 세계, 정신적 세계 등을 포함한다.

구성적 차원에 대한 이해

상담자가 내담자의 삶에 대한 현상을 묘사할 수 있는 것만으로 내담자의 존재적 특성을 명료하게 이해하는 것은 아니다. 내담자의 세계관을 이해하고 개념화하기 위해서 상담자는 구성적 차원에서의 이해가 필요하다. 이는 상담자가 전문가적 안목을 통해 내담자의 삶에 대해 심리적 관점으로 존재적 특성을 명료화할 수 있는 것을 의미한다.

인간은 세상 속에서 끊임없이 주변 상황의 영향을 받으며 살아가고 있지만 물리적 상황과 주변 환경에 일방적으로 지배되는 존재는 아니다. 환경 상황에 대한 인간 각자의 반응은 매우 다르게 나타난다. 즉, 인간은 주변 상황과 환경에 의해 조형되는 존재가 될 수 없는데, 이는 인간은 각자 나름대로 상황을 해석하고 대처하는 주체적 특성이 있기 때문이다. 삶에서 비록 객관적 현실이 중요하지만 이러한 현실에서 자신의 삶을 구성하는 실존적 존재 방식은 개인의 주관적 특성에 따라 다르게 나타난다. 이는 세계관과 연관이 되는 것으로서, 세계관은 인간 각자의 주관적 특성에 따라 세상과 환경에 대한 어떤 가치를 부여하고 삶의 방식과 태도를 결정하는 것이라 할 수 있다.

물론 내담자의 삶에 대한 묘사적 차원에서 객관적 현실만을 이해하는 것은 아니다. 단순한 객관적 맥락이 아니라 내담자의 주관적 세계에 대한 객관적 묘사를 의미한다. 그러나 내담자에 대한 세계관 개념화를 위한 구성적 차원에서는 내담자의 존재적 차원의 핵심인 마음에 대해 상담자가 좀 더 명료하게 이

해하는 것이다. 이는 내담자의 내면세계와 정신적 세계에 대한
현상을 해석적으로 이해하고 개념화하는 것이다.

내담자의 내면세계와 정신적 세계에 대한 이해를 통해 존재
적 세계관을 개념화하는 과정에서 무엇보다 경계해야 할 것은
상담자의 추측이다. 상담자가 내담자를 이론적 도식을 통해 일
방적으로 추측하거나 정형화(typology)시키는 것은 무엇보다도
금해야 할 사항이다. 비록 세계관에 대한 구성적 차원은 어느
정도의 상담자적 가설이 내포되어 있지만 내담자의 삶에 대한
주관적 현상과 묘사적 차원을 근거로 구성적 차원을 실행해야
한다. "들은 만큼 알게 되고 아는 만큼 보인다."

전략적 차원에 대한 이해

전문적 심리상담이 일상에서 마음에 고통을 지닌 사람을 돕
는 것과 다른 차이는 무엇일까? 이 둘 사이에는 돕는 과정과 내
용에서 비록 어느 정도 유사한 측면이 있을지라도 인간 내면의
심리적 특성에 대한 이해, 만남의 과정에 대한 구조, 상호 관계
및 상호작용의 특성, 의사소통의 깊이와 자연스러움 등 다양한
차원에서 분명히 질적인 차이가 있다. 그러나 전문적 차원의
상담이 일반적 도움과 다른 가장 큰 특징은 무엇보다도 상담의
전반적인 과정에서 내담자의 회복과 치유, 변화와 성장을 위한
상담자의 의도적 개입이 있다는 것이다.

옛마음보 파악하기의 전략적 차원은 내담자의 삶과 마음에
대한 묘사적 차원과 구성적 차원의 이해를 바탕으로, 상담자가
내담자의 변화와 성장을 위해 개입하는 과정을 구체화하는 것
이다. 따라서 상담자는 전인적이고 존재론적 관점에서 내담자
의 특성과 문제에 대한 가설을 정립하고, 주어진 상담 회기 내
에서 이를 해결하거나 내담자의 변화와 성장을 위한 상담 목표
를 좀 더 구체적으로 설정해야 한다.

전략적 차원은 이러한 목표를 달성하기 위한 상담자의 개입
요소에 대해 체계화하고 세밀하게 가시화하는 것을 의미한다.
내담자의 마음을 파악하는 과정에서 상담자가 내담자의 삶이
나 심정을 묘사적인 차원으로 반응하는 것과 구성적인 차원으
로 반응하는 것은 서로 구분된다. 묘사적인 차원의 이해는 무
엇보다도 내담자의 참조적 틀에서 이해하는 것이다. 쉽게 말하
면 내담자의 내면적 차원에서 있는 현상 그대로 이해하는 것이
다. 그러나 구성적 차원은 비슷한 내용이라 할지라도 내담자가
묘사한 내용을 상담자의 참조적 틀에서 이해하는 것을 의미한
다. 서로 유사한 듯하지만 분명한 차이가 있다. 상담자가 내담
자와의 상호작용에서도 반영, 수용, 공감 등은 묘사적 차원의
반응에 가깝고, 지지, 해석, 조언 등은 구성적 차원의 반응에 더
가깝다. 예를 들면, 다음과 같다.

시엄마가 나에게 잘해 주시기는 하는데…… 내가 베트남 출신이라 그런지 나한테만 너무 잔소리가 심해요. 남편과 나를 차별하는 것 같아요. 남편한테는 관대하면서 저한테는 컴퓨터 하지 말라, TV 보지 말라……, 전화 오래하지 말라……, 밤에 나가지 말라……, 어른에게 공손하게 얘기해라 등등 온갖 일에 간섭해요. 그래서 화가 나고 집에 들어가기가 정말 싫어요.

묘사적 차원

시엄마가 남편에게 하는 것과는 달리 나에게 너무 심하게 잔소리하고 간섭하는 등 차별하는 것 같아서 화가 나고 집에 들어가기가 싫음

구성적 차원

시어머니가 어린 며느리에게 아내 역할과 한국 생활을 가르치는 것이 문화적 배경이 다른 내담자에게 매우 큰 스트레스를 주고 차별받는 느낌을 받게 함

전략적 차원

- 가설: 내담자의 문화적 차이와 의사소통의 단절로 시모와의 관계에서 어려움을 겪고 있음
- 목표: 내담자와 시모의 문화적 차이로 파생되는 문제를

이해하고 의사소통 향상을 통해 시모와의 관계를
회복함

• 개입:
  - 시댁에서 경험하는 내담자의 마음을 현상적 차원에서
    수용함
  - 내담자와 시모의 문화에 대한 상호 이해와 문화 차이를
    극복할 수 있는 내담자의 문화상대적 역량 증진
  - 시모와의 관계에서 내담자가 원하는 관계에 대한 행동
    적 선택과 시모와 건설적으로 대화할 수 있는 의사소통
    기술 향상

세계관 개념화를 위한 기본 도식

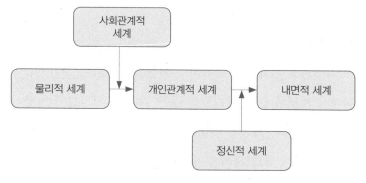

[그림 6-1] 세계관 개념화의 기본 도식

물리적 세계

내담자가 현실에서 부딪치고 있는 물리적인 환경이나 내담자가 처해 있는 사회경제적 상황 또는 내담자 자신이 타고난 특성과 문화적 요인 등 생리적 혹은 물리적 차원에 대한 세계이다.

사회관계적 세계

내담자가 사회공동체 속에서 타인과 맺는 관계적 차원의 세계를 의미한다. 이는 학교 및 직장 등 주변의 사회적 기능이나 역할 속에서 맺고 있는 관계에 대한 현상뿐만 아니라 사회적 관계를 맺고 있는 내담자의 특성을 포함한다. 사회적 관계 속에서 내담자가 맺는 관계적 특성은 크게 일방적 관계, 단절된 관계, 상호적 관계로 나눌 수 있으며, 일방적 관계는 다시 지배형과 의존형으로 나눌 수 있다.

개인관계적 세계

타인과의 관계에서 역할이나 기능적이기보다는 내면적 차원에서 서로에게 깊은 영향을 주는 관계로, 친밀감이 바탕이 되는 세계이다. 가족은 태어나면서부터 기본적으로 설정되는 가장 기초적인 개인관계적 세계다. 그러나 개인관계적 세계는 가족 관계만이 아니라 타인과의 관계에서 자신의 내면적이며 주관적인 세계를 개방하여 초대할 뿐만 아니라 서로에게 진정한 의미가 형성되는 관계적 세계이다. 개인관계적 세계에서 내담자가 맺는 관계 방식은 삶의 태도 혹은 사회관계적 세계에서 맺는 방식과 유사하다. 이는 일반적으로 반사적, 적응적, 상호적 관계 방식으로 나눌 수 있다.

정신적 세계

내담자의 정신적 세계는 자신의 삶에서 의식하든 의식하지 못하든 자신이 추구하는 독특한 가치관이나 초월적 신념 혹은 자신의 존재가치에 대한 인식과 삶의 태도, 그리고 삶의 의미를 추구하는 차원의 세계이다.

내면적 세계

이는 내담자가 자신의 내면에 지니고 있는 인지적 특성, 정서적 경향성, 의지적 행동, 대인관계 방식 등 자신의 독특한 심리적 특성을 의미한다. 인지적 특성은 기본적 신념과 왜곡된 생각, 그리고 자신에 대한 생각 등을 포함하며, 정서적 특성은 표면적 감정, 심층적 감정, 자기가 자신에게 느끼는 감정 등으로 구성된다. 또한 내면적 세계는 행동 특성과 대인관계적 성향, 더 나아가 내담자의 자원을 포함한다.

세계관 개념화를 통한 '옛마음보 파악하기'
: 구체적 과정 및 예시

상담 사례

① **내담자**: 34세, 여자, 2녀 2남의 둘째(언니 1, 남동생 2)

② **가족**

- 아버지(70세): 부잣집 막내아들(2남 4녀)로 태어남. 가산을 탕진하고 무위도식(경제적 무책임) 하며 노는 것을 좋아함. 술 먹으면 집에 들어와 욕하고 행패를 부림. 특히 딸들을 무시함. 내담자의 언니는 가끔 맞았으나 내담자는 착해서 맞지는 않음

- 어머니(66세): 남성 위주의 가난한 가족에서 장녀(3녀 3남)로 태어나 부모에게 순응하며 자라남. 가정의 경제를 책임졌으며 남편에게 폭언과 폭력을 당했음. 이로 인해 많은 고생을 함. 모든 상황을 감내하고 참으며 살아옴

- 언니(40)와 동생들(32, 30): 언니는 일찍 가출하다시피 도시로 나가 직장을 다녔고, 결혼했으나 이혼했고 집에 연락을 하지 않음. 남동생들은 내담자가 벌어다 준 돈으로 대학을 나왔으나 아직 변변한 직장이 없음. 아버지와는

대화하지 않으며 가끔 엄마에게 와서 돈을 가져감

③ **발달사:** 어릴 때부터 엄마를 도와서 가정 일을 하며 두 남
동생을 챙기는 착한 아이로 성장함. 부모가 싸우면 엄마
가 도망갈까 봐 전전긍긍하며 엄마를 위로하며 따라다
님. 초등학교와 중학교 때 공부도 상위권이었지만 집안
형편이 어려워 일반학교에 가지 못하고 실업계 고등학
교를 진학하여 졸업하자마자 서울로 올라와 직장생활을
함. 월급의 대부분을 모두 엄마에게 송금하고 정작 자신
은 가난뱅이처럼 살았지만 집에서는 당연시 여기고 직장
에서는 끊임없이 어려움에 직면하고 있음

④ **첫 상담 회기에서 내담자 자신에 대한 중요한 진술**
- "최근 직장상사 때문에 너무 힘들고 그 상사가 인사고과
를 낮게 줘서 자리를 옮겨야 하는 상황이라 잠도 못자고
식사도 제대로 못하는 지경이 되어 회사 동료의 강권으로
상담에 오게 되었어요."
- "일을 완벽하게 처리하지 못하면 나 스스로 잘하는 것이
하나도 없고 살 만한 가치도 없는 것 같이 느껴져요. 그냥
이 세상에서 순간적으로 없어졌으면 좋겠어요."
- "나는 외롭고, 직장에서나 집에서나 힘들게 살고 있는데

아무도 심지어 가족들조차 나를 이해해 주지 않아서 이제
는 화가 나요."

• "특히 아버지에 대해 더 화가 나고 엄마를 부양해야만 할
것 같은 책임감이 들어서 힘들면서도 부모를 공경해야 한
다는 성경 말씀이 생각나 죄책감을 갖게 돼요."

• "직장이나 교회에서 다른 사람과 친해지고 싶은데 어떻게
처신해야 할지 몰라서 혼자 일에 매달리다가 집에 오면
방에서 아무 생각 없이 TV를 보거나 잠을 자요. 어느 땐
정말 슬퍼져서 눈물이 나거나 무기력해서 그냥 멍하게 있
어요."

• "2년 전부터는 우울과 불안에 시달리고 있는데 직장에서
스트레스를 받으면 더 심해져요. 이런 상황이 계속 반복
돼요. 견딜 수 없어서 얼마 전 병원에 가서 약 처방을 받
았는데 부작용이 심해서 그냥 끊었어요."

• "할 수만 있다면 공부하고 싶고 자유롭게 세상 속을 여행
하고 싶어요."

내담자의 '옛마음보 파악하기'를 위한 분석

① 내담자 호소 문제 및 촉발 요인

• 호소 문제: 불안한 마음 없이 편안하게 직장생활했으면

좋겠어요.

• 촉발 요인: 직장상사의 저평가로 인한 불이익을 받을 수
도 있는 상황

② 물리적 세계

• 기질적 특성 및 유전적 요인: 내향성의 온순한 성품
• 사회문화적 정체성

 - A(나이와 세대 요인): 34세, 민주화와 경제성장이 급속하
게 일어나던 시대적 배경
 - D(발달적 장애): 없음
 - D(후천적 장애): 없음
 - R(종교와 영적 지향): 무교 집안에서 태어나고 자람, 중
학교 때부터 교회 출석
 - E(민족적, 인종적 정체성): 한국, 가부장적인 유교적 사고
방식
 - S(사회경제적 지위): 입사 10년차 경리직 사무원, 경제적
으로 독립 어려움
 - S(성적 경향성): 이성애자이지만 남성친구 없음
 - I(토착 유산): 자신의 세대와는 달리 권위에 순응하는 가
치관의 가풍에서 성장
 - N(국적): 한국

  - G(성): 미혼여성

• 생애발달 과정 및 가계 역사: 2남 2녀의 둘째 딸, 무책임
  하고 폭력적인 아버지와 순종적이고 책임감 있는 어머니
  사이의 갈등 속에서 소외된 아이로 자라남

• 의학적 진단 및 심리 검사 결과: 신체적 질병 없음, 우울
  증약 복용 중 중단

③ 사회관계적 세계

• 생태 지도:

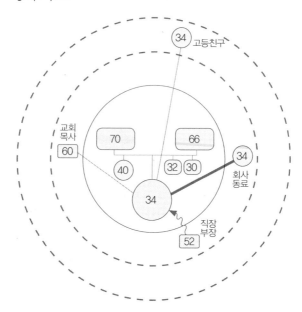

[그림 6-2] 사회관계적 세계의 생태 지도

※점선의 원은 물리적 거리이며 선 굵기는 친밀도를 표시함

- 사회관계적 세계의 유형: 직무 역할에서는 의존형의 일방
  적 관계를 맺으며 타인에게 가까이 가지 못하고 단절하여
  소외적 관계를 유지함

④ 개인관계적 세계

- 관계 분석

관계	관계 특징	정서적 특징
아버지	거리두기	분노
어머니	융합	짜증남
언니	무관심	미움
동생들	갈등	분노

- 개인관계적 세계의 유형: 내담자의 개인관계적 세계에서
  긍정적인 관계를 맺고 있는 사람은 없다고 여겨짐, 가족
  내 대인관계의 소외 현상이 특징적임

⑤ 정신적 세계

- 삶(신앙)의 가치관: 자신을 위하는 것은 이기적인 것이며,
  이타적인 삶을 살아야 가치 있는 존재라고 여김
- 삶의 의미와 기대: 타인과의 관계나 직장에서 책임감 있

고, 불안에서 벗어나는 자유로운 삶을 살고 싶음

• 존재가치에 대한 인식: 존재가치보다는 효용가치를 통한 타인의 인정이 중요

⑥ 내담자의 내면 세계

• 신념과 인지적 특성

　– 기본 신념: 나에게 맡겨진 책임을 다해야 함

　– 왜곡된 생각: 모든 일을 완벽하게 처리해야 인정받고 유능함

　– 자기 자신에 대한 생각: 나는 부족하고 열등한 사람임

• 정서적 특성

　– 표면적 감정: 우울과 불안

　– 심층적 감정: 분노와 좌절

　– 자기 자신에 대한 감정: 무가치감

• 행동적 특성

　– 일반적 행동: 위축되어 있음

　– 왜곡된 행동: 타인에게 자신의 입장을 설명하거나 주장을 하지 않음

　– 자기 자신에 대한 행동: 자신의 행동을 속박하고 때때

로 자신을 혹사시킴

- 대인관계적 특성
  - 일반적으로 타인과의 관계에서 순응적인 일방적 관계를 맺고 있음
  - 직장과 교회 이외의 사회적 관계는 맺고 있지 않으며 스스로를 소외시킴

- 실존적 자원
  - 타인을 배려하는 마음과 행동
  - 신앙적으로 자신을 지키고자 하는 힘과 노력

⑦ **목표 및 개입**

- 상담 목표: 실존적 주체성을 경험하고 본래적 자기를 회복하여 부정적 정서와 역기능적 사고를 해소하고 건강한 자기돌봄과 대인관계를 형성하도록 함

- 개입 계획
  - 상호 공감과 수용 경험을 통해 무가치감 및 불안과 분노를 경감시킴
  - 상호주관적 개입을 통해 소외된 자신의 내면세계에 대

한 대면을 촉진시킴

- 자기대면을 통해 자기 수용과 존재가치의 경험을 촉진
  시킴
- 형성된 세계관과 가치관 및 이로 인한 내면적 특성을
  점검하고 성찰하도록 함
- 주체성과 본래적 관계를 향상시키는 자기표현 및 관계
  기술을 경험하고 촉진시킴

숙고할 사항

내담자가 상담실에 왔을 때 가장 먼저 토로하는 삶 속에서의 어려움
이나 심리적인 문제가 있다. 이를 상담 현장이나 서식을 작성하는 과
정에서 주로 호소 문제라고 한다. 촉발 요인은 호소 문제와 관련된
사건으로 상담에 오게 된 직접적인 동기를 제공해 준 현재 상황이나
계기가 된 선행 사건을 의미한다.

호소 문제는 일반적으로 내담자가 상담을 통해 해결하기 위한 주제
이다. 주호소 문제는 상담 관계에서 처음 등장한 가장 시급하거나 내
담자의 삶에서 가장 힘든 문제라고 인식되고 있다. 그러나 내담자가
처음 토로하는 호소 문제가 실제 내담자가 지니고 있는 가장 핵심 문
제는 아닐 수 있다. 보통 상담 과정에서 상담 관계가 깊어졌을 때 비
로소 핵심적인 문제를 개방하는 경우가 매우 많다. 이는 아마 한국
문화에서 더욱 두드러지게 나타나는 현상이라 할 것이다.

한국 문화는 전통적으로 체면을 중시하고, 타인에게 자신이나 가족
과 관련된 이야기를 있는 그대로 노출하는 것은 매우 신중해야 하는

것이 당연한 일이다. 그러나 비록 호소 문제가 핵심 문제가 아니라도 상담자가 호소 문제를 소홀히 하는 것은 금물이다. 호소 문제는 마치 마음의 집을 들어가는 데 있어서 대문과 같다. 집주인이 열어 주는 대문으로 들어가야 안방까지 자연스럽게 함께 들어갈 수 있다. 누군가가 대문보다는 담을 넘어 들어가려고 한다면 집주인은 그 사람이 아무리 착한 사람이라 할지라도 분명히 놀랄 것이고 먼저 집안 단속을 할 것이다. 상담자가 내담자의 호소 문제에 대해 충분히 수용하고 상호 관계를 통해 내담자가 안전감을 갖게 되었을 때 비로소 내담자는 자신의 실제 핵심 문제를 개방하게 된다.

내담자의 '옛마음보 파악하기'(묘사적 차원+구성적 차원+전략적 차원) 서술

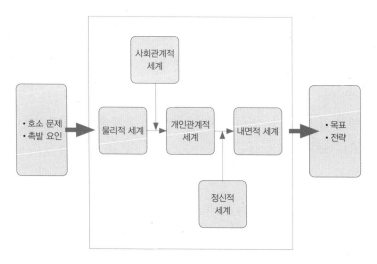

[그림 6-4] '옛마음보 파악하기'의 구조틀

34세 미혼 여성인 내담자는 직장에서 인사고과 저평가로 극심한 스트레스와 불안이 동기가 되어 심리적인 안정감을 회복하고자 상담에 임하게 되었다. 그동안 직장에서의 스트레스와 더불어 2년 전부터 우울과 불안이 심해졌고 불면증이 생기는 등 삶이 전반적으로 침울해졌다. 그녀는 주폭이 있는 미성숙하고 무능력한 아버지와 아들선호사상을 가진 어머니의 둘째 딸로 태어나서 실업계 고등학교를 졸업한 후 취업하여 가족에 대한 책임감으로 경제적 희생을 함으로써 자신의 궁핍함을 감내하며 살았다. 내향적 성향의 기질을 타고났으며 부모에게는 무조건 순종해야 한다는 가부장적 문화정체성을 지니고 있다. 직장에서 그녀는 최선을 다해 자신의 일을 완수하려는 책임감이 강하다. 그러나 다른 사람, 특히 윗사람의 평가에 민감하여 지시에 따르길 원하는 순응적인 일방적 관계를 맺고 있으며, 직장과 교회 이외의 사회적 관계는 맺고 있지 않으며 단절된 채로 살아가고 있다. 개인적인 관계에서도 친밀한 관계를 맺고 있는 경우는 거의 없어서 가족과의 관계에서도 마음을 나누는 것을 불편해 하고 주로 혼자 지내는 편이다(묘사적 차원: 호소 문제, 물리적 세계, 사회관계적 세계, 개인관계적 세계를 중심으로).

내담자는 무엇보다도 다른 사람의 시각에서 좋은 평가를 받아야만 안심이 되는 마음의 틀을 가지고 타인에게 비난을 받지 않기 위해 모든 면에서 완벽하게 일을 수행하고자 노력한

다. 또한 내담자는 자신을 위한 일이나 자신의 주장을 하는 것
은 매우 이기적이라는 가치관을 지니고 있다. 이로 인해 그녀
는 기본적으로 타인을 만족시켜야만 자신이 가치가 있다는 효
용가치 차원에서 존재감을 형성하고 있다. 이는 어린 시절부
터 가족 내에서 불안했던 상황과 남아선호의 분위기로 말미암
아 절대적 존재감을 경험하기보다는 조건적 존재감에 삶의 기
반을 두게 된 것으로 여겨진다. 이로 인해 내담자는 자신에 대
한 주체성을 타인의 평가나 시각에 내맡기는 융합적 주체성
(convergence identity)의 특성을 지니고 있으며, 타인과의 관계
에서 의존적 삶의 태도와 자기소외적인 내면적 모습을 보이고
있다. 이러한 특성이 비록 타인을 섬세하게 배려하고 어려운
환경에서도 자신이 일탈하지 않도록 하는 긍정적인 영향을 주
기도 했지만 본래적 자기와 조화를 이루지는 못하고 있다. 이
로 인해 완벽하지 못한 자신에 대해 스스로는 무가치하다는 생
각과 끊임없이 효용가치를 위해 노력하면서 타인으로부터 버
림받을 것 같은 불안과 우울을 겪고 있으며, 내면 깊이에서는
좌절감과 분노를 지니고 있다(구성적 차원: 정신적 세계와 내면적
세계를 중심으로).

따라서 상담자는 내담자와의 상담 관계에서 진솔성을 기반
으로 상호주관적 관점에서 상호 공감을 통해 내담자의 실존적
주체성을 경험케 하며, 이를 마중물로 하여 소외된 자신의 내

면세계에 대한 대면을 촉진시켜 자신을 수용하는 경험을 할 수 있도록 돕는 것이 중요하다. 이후 내담자의 세계관과 가치관을 점검하고 이로 인해 갖게 된 인지, 행동, 정서, 대인관계적 특성을 성찰할 수 있도록 도우며 자신이 원하는 세계관에 대해 수정하고 본래적 자기를 회복하도록 개입한다. 이를 통해 내담자의 불안과 분노를 해소하고, 자신의 존재가치에 대한 새로운 경험을 밑바탕으로 타인과 건강한 관계를 회복할 수 있도록 한다(전략적 차원).

07
옛마음보 기경하기

나는 그늘이 없는 사람을 사랑하지 않는다
나는 그늘을 사랑하지 않는 사람을 사랑하지 않는다
나는 한 그루 나무의 그늘이 된 사람을 사랑한다

⋯⋯(중략)⋯⋯

나는 눈물이 없는 사람을 사랑하지 않는다
나는 눈물을 사랑하지 않는 사람을 사랑하지 않는다
나는 한 방울 눈물이 된 사람을 사랑한다
기쁨도 눈물이 없으면 기쁨이 아니다
사랑도 눈물 없는 사랑이 어디 있는가
나무 그늘에 앉아
다른 사람의 눈물을 닦아 주는 사람의 모습은
그 얼마나 고요한 아름다움인가

– 정호승, 「내가 사랑하는 사람」 중에서

만물의 이치가 그렇듯이 모든 인간의 삶 역시 당연히 그늘이 있다. 인간의 삶은 주어지는 문제를 해결하는 과정이기보다는 문제를 안고 살아가는 과정이라 할 수 있다. 인간이 진정으로 행복을 영위하기 위해서는 자신의 삶 속에 있는 그늘을 인식하고 수용해야만 한다. 비록 어렵고 힘든 과정이지만 마음속 그늘 깊숙이 가리워진 가시덤불이나 응어리를 제대로 대면할 때 비로소 마음의 밭을 가꿀 수 있다.

인간의 외적인 문제 대부분은 근본적으로 자신이 자신과 맺는 관계에 기인한다. 예를 들어, 물리적 환경에서 자신의 마음속에 삶의 기대가 있고 기쁨이 있다면 경제적으로 어렵다 할지라도 자족하는 마음에 평안함이 있게 될 것이다. 그러나 누군가의 선물로 아무리 아름다운 풍경과 경치를 볼 수 있는 상황이라 할지라도 자신의 마음속에 자신에 대한 불편감이 있다면 결코 자연의 아름다움을 만끽할 수 없다. 물리적 세계에서도 외적인 환경이 절대적인 영향을 주는 것이 아니라 물리적 환경 속에서 경험하고 있는 자신과 자신의 관계가 더욱 중요할 수 있다. 이와 유사하게 사회관계 혹은 개인관계의 세계에서 겪는 대부분의 대인관계와 관련된 문제 방식도 결국은 자신이 자신과 맺는 관계 방식의 특성이 외적으로 재현되는 것이라 할 수 있다. 즉, 대인관계에서 쉽게 분노를 드러내는 사람은, 많은 경우 자신에게 화가 나 있는 사람일 가능성이 크다.

자신의 마음속 깊은 그늘에 자리 잡아 굳어 있는 마음 밭을 옥토로 만들기 위한 선행 작업은 무엇보다 마음속에 자갈과 돌멩이처럼 단단하게 자리 잡고 있는 크고 작은 응어리들을 풀어내고, 성장을 방해하는 가시덤불과 같은 마음속 잡초들을 제거해 내야 하는 것이다. 자발적인 내담자는 대부분 대인관계 혹은 외적인 여러 어려움으로 인한 심리적 고통으로 상담을 신청한다. 자칫 내담자와 상담자는 이러한 외부 사건이나 삶의 문제에 관련해서만 지나친 초점을 갖게 될 수도 있다. 그러나 상담자가 너무 기능적인 차원의 개입에만 치우치는 것은 결코 문제 해결의 지름길이 될 수 없다. 무엇보다도 상담자는 내담자의 마음 밭에 대한 진정한 대면이 필요하다. 자기대면은 단순히 자기에 대한 성찰이 아닌 자신을 경험하는 것을 의미한다. 실존적 존재로서의 인간은 자신을 성찰할 뿐만 아니라 자신의 내면을 접촉하며 경험할 수 있는 존재이다. 이러한 과정이 '옛마음보 기경하기'의 핵심적인 특성이다.

과거 한국의 농경사회에서는 농사를 지을 때 씨앗을 뿌리기 전에 먼저 묵은 땅을 갈아엎는다. 이를 통해 수북하게 자라난 잡초들을 제거하고 땅 속의 자갈과 돌멩이들을 솎아 내서 곡식이 자랄 만한 땅으로 만든다. 농부의 이러한 과정이 바로 밭을 기경하는 작업이다. 내담자가 상담자와의 관계에서 실존적 만남을 경험하게 되면 내담자는 이전에 형성되어 있던 자신의 내면과 만날 수 있는 통로로 들어서게 된다. 즉, 내담자가 자신의 문화적 상황에서 생존하기 위해 아스팔트 같은 마음의 표피를 덮고 마음속 깊이 눌러놓은 속마음을 인정하고 수용하며 애도하는 과정을 용기 있게 대면하기 시작한다. 이는 마치 묵은 땅을 쟁기로 갈아엎듯이 마음의 묵은 땅을 기경하는 것이다.

이를 위해 상담자는 내담자의 마음 깊은 곳에 담겨 있는 속마음이 솟아날 수 있도록 정서적 마중물을 적절히 쏟아 부어야 한다. 마중물은 옛날 펌프를 사용하던 시절 땅속의 물을 끌어올리기 위해 펌프에 미리 부어 넣는 일정양의 물을 의미한다. 상담자는 '우리'라는 신뢰할 수 있고 안전한 울타리 안에서 내담자의 심정을 이해하는 정서적 마중물을 활용해야 한다. 특히 상담자는 내담자의 마음보를 기경하기 위해서 무엇보다도 마음의 문고리를 잘 열어야 한다. 문고리는 방으로 들어가기 위해 열 수 있는 장치이다. 내담자의 마음보를 열 수 있는 마음의 문고리는 현재 상담자와 대면하고 있는 실존적 존재로서의 마음 상태이며 호소 문제로 인해 마음의 표피 근처까지 올라와 있는 심정이라 할 수 있다. 따라서 상담자는 내담자가 현재 느끼며 경험하고 있는 마음의 상태인 문고리에서 시작하여 단계적으로 속마음 깊은 곳까지 자리 잡고 있는 한을 넋두리로 뿜어 낼 수 있도록 도와야 한다.

상담자는 문고리를 흔들어서 열어 주기를 요청할 수 있지만 마음으로 들어가는 문은 반드시 내담자가 열어 주는 문을 통해 들어가야 한다. 앞 장에서 언급했듯이 집을 비유로 설명하면 아무리 집안 식구라 할지라도 담을 뛰어넘거나 창문을 부수고 들어가면 집 안에 있는 사람들은 반사적으로 놀라서 긴장하고 일단은 숨을 곳이나 공격할 무기를 찾을 것이다. 가족이라 할지라도 문 앞에서 초인종을 누르거나 문고리를 흔들어서 자신이 왔음을 확인시키고 집안에서 열어 주는 문을 통해 들어갈 때 반갑게 환영받을 수 있다.

상담 장면에서 문고리는 6장에서 언급한 것처럼 내담자의 호소 문제라고 볼 수 있다. 호소 문제가 내담자의 진정한 문제가 아닐지라도 호소 문제를 소홀히 다루어서는 안 된다. 상담자가 빠르게 내담자의 문제를 탐색하고 평가하기 위해 호소 문제와 상관없이 탐색적 질문과 진단을 시도하고자 하는 것은 마치 문이 아닌 담을 뛰어 넘어 내담자의 마음으로 들어가고자 하는 것과 같다. 따라서 특별한 경우를 제외하고는 가급적 상담 초기에 지나치게 평가적 탐색에만 집중하거나 진단적 심리검사를 시도하는 것은 피해야 한다.

'옛마음보 기경하기' 단계에서 상담자는 내담자의 자기소외, 응어리진 부정적 정서, 자기애도에 대해 개입해야 하며, 이를 위한 상담적 개입 기술은 크게 '자기 마음 만나기' '마음 응어리 녹여내기' '갇힌 마음 풀어 주기' 등으로 나눌 수 있다. 각각의 개입 기술은 상담의 장면에 적합한 창의적 방법을 통해 여러 가지로 활용할 수 있다. 그러나 더욱 중요한 것은 기법 자체보다 상담자와 내담자의 실존적 관계를 통한 대화와 상호주관성에 근거한 상호작용이다. 상담자가 기법을 통해 내담자를 대상화시키는 것은 결코 바람직하지 않다. 기법은 상담자와의 실존적 관계와 충분한 상호 과정을 통해 드러난 내용을 내담자가 좀 더 심층적으로 자기를 대면하여 자신을 경험하도록 하는 것으로 활용할 때 유용한 것이다.

자기 마음 만나기

'자기 마음 만나기' 기법은 내담자가 스스로 소외시켰던 자신의 마음을 만나서 자신을 경험하도록 돕는 자기대면의 기법이다. 흔히 자기를 소외시킨 내담자는 자신에 대한 감정이나 생각을 이야기할 때 추상적으로 언급하거나 상황에 대해 장황하게 묘사하면서도 자기와의 진정한 접촉은 차단하는 경우가 있다. 오히려 자신을 객관화시켜서 타자적 조망으로 자신을 경험할 때 자신과의 깊은 내면적 체험을 한다. 다음은 자기 마음 만나기 기법을 위한 예이다.

자기 이미지와 접촉하기

내담자에게 상담이 안전지대로 여겨지면 내담자는 상담자와의 관계에서 편안함과 자유로움을 경험한다. 이러한 상황에서 내담자가 상담자에게 자신을 개방하여 자신의 마음에 대해 이해받고 또 자신의 속마음에 접촉하게 되었을 때, 상담자는 내담자에게 눈을 감고 자신에게 집중하도록 요청해 볼 수 있다. 눈을 감고 긴장을 완화시킨 후 상상적 이미지를 통해 거울 앞에 서 보도록 하여 거울에 비친 자신의 모습을 보도록 요청한다.

첫째, 거울에 비친 자신의 모습을 관찰하면서 다음과 같은 질문에 대답해 보도록 한다.

- 자신의 전체적인 외모와 모습은 어떠한지?
- 얼굴의 표정은 어떠한지? 그 이유는 무엇인지?
- 거울 속 자신에 대한 전반적인 느낌이 어떤지?
- 거울 속 자신의 내면에 있는 심정은 어떤지?
- 거울 속의 자신이 원하는 것은 무엇인지?

둘째, 거울 속의 자신과 직접 대화해 보도록 한다.

- 거울 속 자신에게 물어보고 싶은 말이 있으면 직접 질문

하고 그 대답을 들어본다. 예를 들어, 요즘 기분이 어때?
무엇 때문에 힘들어?
• 거울 속 자신에게 해 주고 싶은 위로나 당부의 말이 있으
면 해 준다. 예를 들어, 너 지금까지 견뎌 내느라고 정말
수고 많았어. 나까지 네 마음을 몰라주고 너를 외롭게 해
서 미안해.

마지막으로, 이러한 경험을 한 후 자신의 이미지와의 대화
에서 자신에 대해 느낀 점이나 성찰한 내용을 상담자와의 상호
작용을 통해 나누어 보도록 한다.

마음 응어리 녹여내기

'마음 응어리 녹여내기' 기법은 내담자가 삶의 과정에서 존
재적 유지를 위해 어쩔 수 없이 자신의 내면에서 굳어진 심리
적 응어리를 인식하고 드러내는 작업이다. 인간은 물리적 신체
를 유지하기 위해 음식물과 영양분을 섭취해야만 하며 이런 과
정에서 배설물이 생성된다. 이러한 배설물은 당연히 적절하게
처리되어야 한다. 적절한 영양분이 공급되지 않을 때뿐 아니라
배설물이 적절히 처리되지 못할 때도 신체적 질병을 유발한다.

심리적인 측면에서도 존재를 유지하기 위해서는 타인과의 친밀감, 사회적 소속감, 정신적 차원인 삶의 의미와 가치, 자신에 대한 존재감 등 적절한 심리적 영양분이 필요하다. 그러나 모든 사람에게 삶의 과정이 항상 최적의 상태를 유지할 수는 없다. 때로는 살아 내느라 견디는 과정에서 자신도 모르는 사이에 내면에 심리적인 응어리가 생성된다. 이러한 응어리들이 때로는 신체화로 나타난다. 우리나라의 홧병은 대표적인 예이다. 심리적으로는 우울증이나 분노조절장애 등 심리적 질병으로 드러나기도 한다.

마음 응어리 녹여내기

상담자와 내담자가 '우리마음'이라는 심리적 울타리를 함께 형성하게 되면 내담자는 상담자를 개인적 관계의 세계로 초대하게 된다. 이는 자신의 마음을 진솔하게 드러낼 수 있는 관계가 되었음을 의미한다. 이러한 관계에서 내담자는 삶의 과정에서 겪었던 어려움과 마음 깊이 간직한 자신의 고통을 좀 더 분명한 목소리로 드러내고 싶어 한다. 그러나 이러한 고통은 주로 가족이나 어쩔 수 없는 환경적 상황에서 파생된 것이기에, 내담자는 매우 양가적인 감정이나 합리화시키는 신념이나 생각을 지니고 있으며 소외된 자신의 심리적 아픔을 도외시하는 경향이 있다. 이를 위해 상담자는 매우 세심하게 내담자의 마음을 살피면서 구체적으로 심정적 특성들을 명료화해야 한다.
이때 골프공이나 테니스공, 귤과 같은 마음의 웅어리를 의미하
는 가시적인 도구를 활용하기도 한다.

> 상담자 1: 살아오면서 엄마에게 받은 구박과 화풀이 대상으로 무
> 척이나 힘들었군요. 그럼에도 불구하고 가정폭력을 당
> 하면서도 세 남매를 키워냈던 엄마의 아픔이 이해되기
> 때문에 짜증을 부리거나 화도 낼 수 없었네요.
>
> 내담자 1: 그렇지요. 엄마도 엄청 고생했으니까요. 무능력한 아버
> 지 때문에 그리고 하루가 멀다 하고 술 먹고 행패부리는
> 아버지 때문에 죽지 못해 살았으니까요. 지금 생각해 보
> 면 어릴 때 엄마가 도망갈까 봐 늘 조마조마했어요. 그
> 래서 학교 갔다 오면 오자마자 엄마를 찾았던 것 같아
> 요. 언젠가 자고 일어났는데, 아침에 엄마가 동생들만
> 데리고 나가서 며칠을 안 들어왔어요. 정말 많이 무서웠
> 어요. 엄마가 나에게 화를 내고 힘들게 해도 집에 있는
> 것만으로도 안심이 되었던 것 같아요.
>
> 상담자 2: 마음이 정말 많이 힘들면서도 여러 가지 감정으로 복잡
> 했겠어요. 그러한 상황에서 어렵게 견뎌 내느라고 마음
> 에 쌓였던 심정을 하나씩 구분해 보면 어떨까요. (테니
> 스공을 내밀며) ○○ 씨 마음에 어떤 것이 응어리져 있

나요?

내담자 2: 화 덩어리요. 나도 모르게 불쑥불쑥 화가 나요.

상담자 3: 무엇으로 인해 이것이 응어리져 있지요?

내담자 3: 그래도 내가 공부를 가장 잘했는데 집안 형편이 안 되고
빨리 돈 벌어야 한다고 대학을 보내 주지 않았어요. 정
말 가고 싶었는데…… (흐느낌) …… 그리고 한 번은 고
등학교 때 학교에서 돌아왔는데 내 저금통이 찢어져 있
더라고요…… 어린 마음에 돈을 모아서라도 대학 가고
싶어서 커다란 돼지 저금통에 동전을 모았는데 엄마가
오빠 시계 사 준다고 나에게 말도 안하고 그 저금통을
찢어서 돈을 꺼내간 거예요…… 지금 생각해도 너무 화
가 나요.

…… (중략) ……

상담자 6: (다른 공을 내밀며) 또 다른 마음의 응어리는요?

내담자 6: 짜증 덩어리요. 짜증이 많이 나요.

…… (중략) ……

상담자 15: 내 속에 아직도 남아 있는 이러한 마음들을 누구에게
말할 수 있으면 좋을 것 같은지요?

갇힌 마음 풀어 주기

'갇힌 마음 풀어 주기' 기법은 내담자가 삶의 과정에서 비합리적인 신념이나 사고방식, 부적응적인 행동 양식이나 가치관, 부적절한 죄책감이나 수치심, 외로움, 불안 등으로 인해 자신의 존재가치나 효용가치가 갇혀 있거나 가리워져 있는 경우 이러한 요소들을 풀어 주기 위한 방법이다. 토지에 가시덤불이 쌓여 있으면 아무리 좋은 땅이라도 생명의 씨앗이 발아할 수 없으며 식물이 자라나서 열매를 맺을 수 없다. 상담 과정에서 내담자의 마음이나 삶에 그늘을 드리우거나 자신을 옭아매는 것들을 인식하고 그것들로부터 자신을 풀어 주는 것은 매우 중요하다. 이는 내담자의 폐쇄된 시각을 개방적 시각으로 바꾸어 주는 작업과도 같다.

실존통합심리상담에서 내담자의 폐쇄적 시각을 개방화시키는 것은 무엇보다 중요하다. 상담자는 내담자가 살아오는 과정에서 자신 스스로 존재가치를 가둬 버리도록 만든 잘못된 신념이나 가치관 등의 특성이나 이들을 형성하게 된 상황적 맥락을 인식할 수 있도록 도와야 한다. 이를 통해 내담자 스스로 개방적 시각으로 자신의 삶의 방식을 위한 새로운 선택과 실존적 책임을 갖도록 도와야 한다. 다음은 갇힌 마음을 풀어 주기 위한 기법의 예이다.

묶여 있는 마음 풀어 주기

내담자는 때때로 자신에 대해 지나치게 위축되어 있다. 특히 완벽주의적 사고방식이나 삶의 과정에서 타인의 비합리적인 기대에 부응하지 못한 것으로 인해 타인의 평가에 너무나 민감하며 자신에게 가혹한 기준을 들이대어 자신의 긍정적인 특성이나 자원을 전혀 인식하지 못하는 경향이 있다. 이로 인해 내담자는 외부에서 보는 시각과는 달리 자신의 가치를 매우 하락시키고 삶의 긍정적인 에너지를 발휘하지 못하게 된다. 또한 무기력감, 중압감, 자책감, 수치심, 불안 등은 내담자 자신이 삶에서 원하는 스스로에 대한 기대와 존재가치를 축소시키고 옭아맨다. 이는 내담자가 자신의 현재적 삶을 살지 못하도록 만든다. '묶여 있는 마음 풀어 주기' 기법은 이러한 현실 상황을 자각하여 자신에 대한 객관적 현실에 대해 인식하고 자신의 실존적 선택을 촉진하도록 하는 기법이다.

내담자 1: 내 삶이 너무 답답하고 힘들어요. 뭐 하나 제대로 이루어 놓은 것도 없고 사람과의 관계도 미숙하고 그렇다고 외모도 매력적인 것도 아니고…… 정말 살아야 할 이유가 하나도 없어요. 미래도 너무 불안하고 답답해요. 어젯밤에 제 자신이 한심하고 너무 고통스러웠어요.

상담자 1: 29살 나이에 나름대로 어떤 것을 기대했었나 봐요?

내담자 2: 아무래도 29살이면 전문직에 있거나 최소한 그것을 이룰 수 있는 비전이 어느 정도 보이고, 그래서 독립도 하고 애인과 멋진 데이트도 즐기는 화창한 봄날 같은 삶이 될 줄 알았는데 너무 절망스러워요.

상담자 2: 과거에 꿈꾸었던 삶과는 거리가 멀고 앞으로도 막연한 미래로 인해 많이 실망하고 있군요. 다른 사람이 ○○ 씨 현실을 보면 지금 ○○ 씨가 느끼는 절망과 어떤 차이가 있을 것 같은가요?

내담자 3: 다른 사람이 저를 보면 다르게 생각하는 것 같아요. 현재 그래도 명문대학 졸업해서 대학원에 다니고 있고 군대 문제도 해결되었고. 그래서 정말 내 심정하고는 너무 달라요. 내 심정을 전혀 모르고 대화가 안 돼요.

상담자 3: 객관적으로 보이는 나와 내가 느끼는 나가 정말 많이 다르네요.

내담자 4: 가족들과 이야기해도 말이 안 통해요. 아버지는 어릴 때부터 늘 하시는 말씀이 "최고가 아니면 소용없어."였어요. 그러고 보니 어린 시절 1등 했을 때도 칭찬을 받아본 적이 없는 것 같아요. 더 잘하라는 말만 들었어요. 중학교 때 정말 열심히 했는데 원하는 고등학교 입시에 떨어진 적이 있는데 그땐 정말 너무 수치스럽고 내가 너무 하찮게 느껴지는 거예요. 사실 이 얘기는 정말 하기 어려운 내용인데 했네요. 그 후 다시 특목고에 들어갔지만 나는 늘 불안하고 뭔가 모자라는 것 같아요.

상담자 4: 여러 면에서 우수했는데도 나 자신은 늘 불안하고 수치스럽게 여겨졌네요. 그 마음을 이해해 주는 사람도 없었고요. 중요한 것은 나 스스로가 너무 절망하고 무기력하고 미래가 깜깜하다는 것이겠지요. 실제로 무엇이 나를 이렇게 막막하게 하고 꼼짝 못하게 하는 것일까요? 내가 느끼는 내면적 현실을 상징적으로 한번 경험해 보면 어떨까요?

내담자 4: 예. 알겠습니다. (몇 가닥의 천을 통해 내담자를 여러 겹으로 풀어지지 않게 말아 놓고 얼굴을 보자기로 감싼다.)

다음과 같은 질문과 상호작용을 통해 자신에 대한 대면과 새로운 선택에 대한 시도를 촉진시킨다.

첫째, 이러한 상황에서 상담자는 내담자가 자신의 마음에 접촉하여 자신을 대면하도록 돕는다. 자신을 묶고 있는 천이 현실에서 구체적으로 어떤 것이지? 그것이 실제로 존재하는지? 누구의 말, 어떤 내용이 묶어 놓았는지? 아니면 자신이 만들어 스스로 묶어 놓고 있는 것인지? 깜깜한 것은 현재 현실에서 무엇이 자신을 덮어서 무력하게 만들고 있는지?

둘째, 이렇게 묶이고 덮여 있는 것을 자신이 빠져나오기 위해서 어떤 노력을 하고 있는지? 아니면 누군가가 이걸 풀어 주기만을 바라고 있는지? 어떻게 하면 이러한 것에서 자신을 자유롭게 할 수 있는지?

타인이 되어 자기소개하기

내담자 상황에서 문제나 증상은 때때로 닫힌 시각으로 말미암은 경우가 많다. 내담자는 자신의 삶에서 특정한 부정적인 사건이나 주관적으로 인식하는 특성에 초점이 되어서 자신의 존재가치나 효용가치 자체를 평가절하하는 경향이 있다. 마치 경주마의 눈 양옆을 가리면 오로지 한 목표 지점만을 향해서 돌진하는 것처럼 삶에서도 닫힌 시각은 삶이나 자신의 특성 중 부정적인 어떤 것에만 머물게 하여 자신을 전체적으로 혹은 객관적으로 볼 수 있는 열린 시각을 마비시킨다. 이는 삶의 고통을 가중시키거나 심리적 문제를 야기하는 원인이 되기도 한다. 타인이 되어 자신을 소개하는 기법은 이러한 닫힌 시각에서 자신을 보는 것이 아니라 열린 조망 속에서 자신을 볼 수 있도록 만들기 위한 것이다.

- ○○ 씨를 가장 잘 아는 분이 ○○ 씨의 마음과 특성 전체를 나에게 소개한다면 뭐라고 소개해 줄까요?
- 그분이 지금 ○○ 씨가 자신에 대해 하는 말을 듣는다면 무엇이라고 말할까요?

08
새마음보 형성하기

내가 그의 이름을 불러 주기 전에는
그는 다만
하나의 몸짓에 지나지 않았다.

내가 그의 이름을 불러주었을 때
그는 나에게로 와서
꽃이 되었다.

······(중략)······

우리들은 모두
무엇이 되고 싶다.
나는 너에게 너는 나에게
잊혀지지 않는 하나의 눈짓이 되고 싶다.

김춘수, 「꽃」 중에서

194 제2부 실존통합심리상담의 실제

상담은 어떤 의미에서 보면 내담자의 이름을 바꾸어 주는 과정이라 할 수 있다. 우리 모두는 태어나면서부터 어린 시절을 거치는 동안 삶의 과정에서 스스로에게 붙인 내면적 이름이 있다. 이는 주변 사람들이나 외부 요인에 의해 마치 자신이 거울에 비친 것을 통해 자신의 모습을 인식하고 스스로 그렇게 받아들이는 과정에서 붙여진 이름이다.

어린 시절의 거울은 주로 부모를 포함한 개인관계적 세계 속에 있는 사람들이 보여 주는 반응이다. 이러한 거울을 통해 붙여진 내면적 이름은 주변의 반응과 연결하여 자신과 행동의 옳고 그름을 점검하고 자신에 대해 규정하여 살아가도록 만든다. 즉, 사람들은 주변의 중요한 인물들에 의해 존재적 차원에서 경험된 부정적인 반응들로 인해 자신의 내면에 스스로의 이름을 붙이며 이것에 고정된 닫힌 시각이 되어 자신의 존재가치를 상실하게 된다. 예를 들면, 못난이, 열등이, 수치스러운 존재, 가망 없는 놈, 실수투성이 등등이다. 이러한 폐쇄된 시각은 자기의식을 통해 자신의 모습을 자각하고 성찰할 수 있기까지 지속된다. 자신에 대해 닫힌 주관적 시각은 나(I)와 나(me)의 관계에서 매우 자기소외적인 특성을 갖게 되며 기능적이고 역할 위주의 존재적 특성을 통해 자신의 실존을 보존하고자 애쓰며 살게 된다. 이는 자신에 대한 성취적 만족감이나 존재감을 주기보다는 끊임없는 불안과 자책감, 분노와 수치심을 유발시키며 때로는 자살이라는 자기 처벌적 결말로 이어지기도 한다. 유명한 연예인이나 매우 성공적인 인생으로 비친 사람들이 흔히 자살로 인생을 마감하는 것은 이러한 현상을 잘 보여 준다.

모든 사람은 자신만의 빛깔과 향기가 있으며 자신이 지니고 있는 특성 그 모습대로 인정받고 존재적 가치를 수용받기를 원한다. 존재가치 없이 그저 기능과 역할 속에서 자신의 삶이 구성된다면 그것은 단지 일종의 몸짓에 불과할 뿐이다. 현대사회는 성공을 향한 몸짓과 몸부림으로 가득 차 있다. 성공에 대한 몸짓 속에서 자신의 빛깔과 향기를 잃어버렸다면, 즉 자신을 소외시켰다면 그 사람은 결코 기쁨과 행복감을 영위할 수 없다. 오히려 우울과 불안이 자신을 집어삼킨다. 무대 위에서 박수갈채가 터져도, 많은 사람이 찬사를 아끼지 않고 보내는 메시지 속에서도 내면은 공허와 무기력으로 메말라 간다.

성경에 나오는 인물 가운데 삶의 전환점이 이루어지는 과정에서 이름이 바뀌는 경우가 종종 등장한다. 예를 들어, 이삭의 쌍둥이 아들 중 외적인 모습에서 열등했지만 좀 더 성취하는 인생을 살고 싶어서 형과 아버지를 속이고 장자권을 얻었던 야곱이 후에 하나님에 의해 이스라엘로 이름이 바뀌고, 어부였던 시몬도 예수를 만난 후 그의 제자가 되면서 베드로로 이름이 바뀌었다. 또한 예수 믿는 자를 박해하는 데 자원하여 앞장섰던 사울이 부활한 예수의 음성을 듣고 그의 제자가 된 후 바울로 개명했다. 중요한 것은 이러한 개명의 과정에서 자신과 자신의 삶에 대한 철저한 자기대면이 이루어졌으며 이를 통해 자신의 빛깔과 향기에 적합한 이름으로 바뀌는 것이다. 상담에서도 내담자는 자신의 삶과 한계 상황에 대한 철저한 대면이 이루어진 후 소외시켰던 자신과의 관계(I-me)가 달라지는 경험을 하게 된다. 이는 자신을 보는 시각이 달라지는 것이다. 자신의 향기와 빛깔을 찾아내는 것, 즉 이름이 바뀌는 것과 같다.

그러나 자신의 빛깔과 향기를 찾는다는 것은 이전과는 전혀 다른 성격이 되거나 삶의 태도가 180도 전혀 다른 모습으로 바뀌는 것을 의미하는 것은 아니다. 내담자의 마음이 대면되고 자신의 현실적 모습을 깨달았다고 해서 곧바로 삶의 모습과 형태가 달라지는 것은 아니다. 그 이유는 인간은 물리적 환경과 관계적 맥락, 그리고 과거의 관습을 순식간에 뛰어넘을 수 있는 존재가 아니며 여전히 영향을 받고 있기 때문이다.

실존주의에서는 무엇보다도 인간의 특성을 자기초월적 존재로 본다. 이는 자연법칙에서 불가능한 신비한 능력을 수행하는 것을 뜻하는 것이 아니라 한계 상황에서도 자신의 선택과 행동 방식에 대한 자유가 있다는 것을 의미한다. 실존통합심리상담에서 자기초월이라는 것 역시 환경적 자연법칙이나 과거의 단절이 아니라 자신의 삶이나 과거, 그리고 자신에 대한 새로운 시각이며 이로 인한 주체적인 선택과 의미 부여에 대한 것이다.

　내담자가 굳은 껍질 속에 진정한 속마음을 억누르고 있는 경우 이러한 마음의 내면은 무성한 가시덤불이나 단단해져 버린 돌멩이 같은 응어리를 품은 심리 상태가 된다. 이로 인해 내담자는 자신도 모르게 과거의 미해결된 정서에 사로잡혀 있거나 미숙한 행동 패턴을 나타낸다. 새마음보는 마음속의 크고 작은 응어리와 잡초들이 드러나서 갈아엎어지고 부드러워진 토양과 같은 마음의 상태이다. 따라서 새마음보는 내담자의 내면이 정서적으로 순화되고, 땅 속에 있던 크고 작은 자갈이 겉으로 드러나듯이 내담자가 자신의 마음에 대해 자각하는 상태를 의미한다. 이러한 토양에 심겨진 씨앗들이 발아하고 자라나듯이, 마음의 자각 상태는 내담자 자신이 현재의 실존적 존재로서 자신을 성장시킬 수 있는 상태이면서 균형 잡힌 마음 상태를 유지할 수 있는 시각을 지니게 되는 것을 의미한다.

　내담자에게 새롭게 형성된 새마음보는 내면에 숨겨진 아픔이 표출되고 자신의 실존과 맞닥뜨린 이후에 고난과 삶에 대해 '재구성(reframing)'을 할 수 있는 통찰과 역량을 지니게 됨을 의미한다. 또한 관계적 맥락 속에서 내담자는 자신을 통합시켜 나가는 힘과 심리적 자원을 지닐 수 있게 된다. 비록 상황과 환경이 같더라도 내담자가 자기 실존에 대한 새로운 시각을 지니게 되고 삶에 대한 새로운 의미를 통해 주체적인 자기로서 진정한 관계를 형성하며 미래적 삶에 대한 여정을 시작하게 되는 것이다.

'새마음보 형성하기'는 이 같은 사항들을 구체화하기 위해 '과거적 자기에 대한 재구성, 현재적 자기에 대한 수용, 미래적 자기에 대한 선택'이라는 세 가지 측면에서 상담자의 개입이 이루어진다. 물론 여기서의 과거, 현재, 미래는 단순한 물리적 차원에서의 시간적 흐름이라기보다는 현재라는 포괄적 차원에서 내담자 마음속에 존재하는 동시적 시간의 개념이라 할 수 있다. 재구성, 수용, 선택 역시 엄격하게 분리된 개념이기보다는 실제로 서로서로가 상호적으로 얽혀 있는 다면체적 내용을 담고 있는 것이라 할 수 있다.

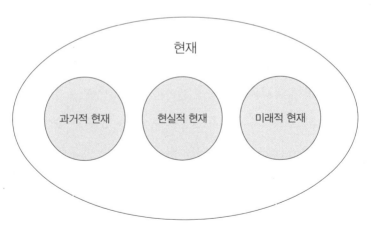

[그림 8-1] 마음속에서의 동시적 시간 개념

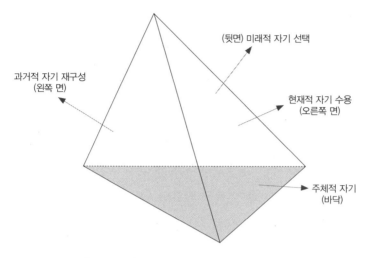

[그림 8-2] 새마음보 형성의 다면적 접근

과거적 자기에 대한 재구성

상담자는 내담자가 지나온 과거의 자신과 삶에 대해 재구성(reframe)할 수 있도록 도와야 한다. 이는 내담자가 과거 부정적인 자신의 특성이나 원하지 않은 고통스런 환경에 동일시함으로써 고정된 관점에 머물러 있는 것으로부터 열린 시각을 확보하는 것을 의미한다. 내담자는 과거를 부정하고 회피하려는 경향이 있다. 영국 속담에 '지나온 다리를 불사르지 마라.'는 말이 있듯이 모든 사람에게 과거의 삶은 현재를 향한 통로일 뿐 아니라 미래를 향한 새로운 자원이 될 수 있다. 미래를 위한 자원이 되기 위해서는 과거에 대한 새로운 시각이 필요하다. 그러나 새롭게 열리는 시각은 아이러니하게도 이제까지 살아온 삶과 자기 자신에 대한 자기대면이 이루어질 때 가능하며 이를 위한 과정이 이전 장에서 살펴본 '옛마음보 기경하기'의 과정이다.

과거에 대한 마음의 재구성은 이제까지 자신의 삶이나 자신에게 과거가 준 긍정적 요소들에 대한 발견과 과거 또는 과거의 사건에 대한 재해석을 포함한다. 이 과정에서 내담자는 과거의 물리적, 사회적 상황에서 자신이 피동적으로 선택했던 방식에 대한 부정적인 차원의 요소만이 아니라, 삶의 과정에서 자연스럽게 몸과 마음에 스민 긍정적인 특성들에 대한 발견적 시각을 갖게 되는 것이다. 우리나라 속담인 '젊어 고생은 사서 한다.'라는 말은 실제로 고생은 원치 않지만 많은 사람의 경험에 의해 젊어서 겪었던 고생이 훗날 삶을 위한 좋은 자원이 될 수 있다는 경험적 재구조를 통해 만들어진 격언이다. 성경에서도 수많은 고통을 이겨 냈던 한 인물이 '고난이 내게 유익이라 이를 통해 내가 주의 율례를 배웠다.'라고 고백한다. 이는 과거 자신이 원치 않았던 부정적인 경험에 대한 재해석이 이루어지는 것을 의미한다. 이러한 과거에 대한 재해석은 진정한 자신과의 대면을 회피한 채 그저 마음을 편하게 유지하기 위한 합리화와 같은 자아방어적인 것이 결코 아니다. 이는 진정으로 자신의 지나온 삶에 대한 새로운 시각을 의미한다. 다음은 과거적 자기의 재구성을 위한 기법의 예이다.

과거가 자기에게 준 선물 찾기

대부분 내담자는 자신의 과거에 대한 기억은 부정적인 내용으로 더 많이 채워져 있다. 그만큼 삶의 과정에서 물리적으로나 관계적으로 어려웠다는 반증이다. 그러나 쉽게 자각되지는 않지만 또 하나 중요한 것은 그러한 과정에서 자신이 생존의 중요한 기술을 습득하고 있다는 것이다. 과거에 겪었던 고통이나 한계 상황에 대면했을 때 상담자는 내담자가 과거에 대한 새로운 개방적 안목을 통해 재구조(reframe)를 할 수 있도록 안내해야 한다.

> 내담자 1: 상담받다 보니 어린 시절 집에서 나 혼자만 거지 같은 마음으로 살아왔네요. 왜 그렇게 혼자 전전긍긍했는지…… 누가 시켜서 그런 것도 아닌데…… 이제 내 마음도 알아 주고 내 속에 있는 것도 참지 말고 말해야겠어요. 이제 나 자신을 위해서 내가 원하는 것도 과감하게 해 보려고요.
>
> 상담자 1: ○○ 씨 가족과 부모를 생각하는 마음이 어린 시절부터 장녀로서 남달랐고 마음도 선해서 자신을 등한시하고 살아왔지요. 이제부터라도 자신을 배려하며 살아간다고

하니 내 마음도 좋네요.

내담자 2: 조금은 억울하기도 해요. 내가 괜찮다고 해도 부모님이 나를 좀 먼저 알아서 챙겨 주면 좋았으련만…… 투정 부리는 동생들에겐 나름대로 다 해 줬으면서…… 정작 나에게는 칭찬만 했지 해 준 것은 하나도 없어요.

상담자 2: 부모님이 ○○ 씨 마음을 먼저 알아주었으면 정말 좋았겠지요. 문제는 자신조차도 자기를 너무 등한시하고 돌보지 않았다는 거지요. 일단 자신을 돌보는 일은 조금 있다 함께 구체적으로 계획하기로 해요. ○○ 씨 생각에 이렇게 혼자 자신의 일을 스스로 해결하면서 살아오는 가운데 많은 고통이 있었지만 이런 과정이 ○○ 씨의 삶에 선물로 준 것이 있다면 무엇일까요?

내담자 3: 가장 뚜렷한 것은 다른 사람을 배려하는 마음인 것 같아요. 그래도 다른 사람을 배려하며 사는 것은 좋은 삶이라고 생각해요. 저는 책임감이 강한데 이것도 그런 환경 영향으로 말미암은 것 같아요. (그리고 또 어떤 것이 있나요?) 음…… 굳이 더 찾아보자면 자동적으로 절약하는 습관, 구체적으로 계획하고 실행하는 습관, 인내심 등…… 견뎌 내느라 어렵긴 했지만 그런 환경에서 얻은 것도 꽤나 많네요.

현대적 자기에 대한 수용

상담자는 내담자의 현재적 자기에 대해 통합 차원에서의 수용을 도와주어야 한다. 심리적인 침체 현상으로 고통을 경험하는 내담자들에게서 흔히 발견되는 특징 중 하나가 행복과 관련된 전제 조건에 관련된 것이다. 이러한 가상적인 전제 조건의 하나는 다른 사람보다 행복해야 자신이 행복하다는 것을 느낄 수 있을 것이라는 비교 의식과 관련된 것이고, 또 하나는 모든 면에서 완전해야 행복을 느낄 수 있을 것이라는 완벽주의적 의식과 관련된 것이다.

로마시대 스토아주의 철학자이며 네로 황제의 스승으로 잘 알려진 세네카는 '인간 모두는 행복하기를 원하지만 다른 사람보다 더 행복하길 바라기 때문에 행복해질 수 없다.'고 언급하였다. 따라서 진정한 행복은 현대사회의 보편화된 물질적인 가치 기준이 아닌 자기 자신의 내면세계와 정신세계가 추구하는 삶에 대한 만족에 있다. 또한 행복이라는 기쁨을 영위할 수 있는 것은 삶 속에 있는 어느 정도의 행복하지 못한 요소를 받아들이고 수용할 때 비로소 행복한 느낌을 영위할 수 있다. 삶 속의 어떤 면에 있어서든 '완전한 행복의 상태'를 주는 조건은 존재하지 않으며 모든 면에서 일정 부분 한계가 있기 때문이다. 이러한 한계를 회피하지 않고 분명한 인식과 함께 자신의 삶에서 통합적 안목을 갖게 될 때 심리적 침체와 고통에서 벗어날 수 있는 계기가 된다. 이는 현대사회가 암묵적으로 제시하는 내담자 자신의 효용가치나 소유가치의 기준에서 존재가치의 기준으로 옮겨가는 안목 및 심리 태도의 변화이다.

미국의 개신교 신학자인 라인홀드 니버의 기도(The Serenity Prayer)는 현재적 자신에 대한 통전적 수용에 대해 매우 적절한 기도이다.

> "하나님!
> 내가 변화시킬 수 없는 것들에 대해 수용할 수 있는 평온함과,
> 내가 변화시킬 수 있는 것들을 변화시킬 수 있는 용기와,
> 이 둘을 구별할 수 있는 지혜를 주시옵소서."

현재적 자기에 대한 수용은 내담자가 다른 기준보다는 자신의 존재적 가치에 대한 인식이며 실존적 의미에 대한 평가로 인한 결과이다. 이를 위해 내담자는 자신의 기대적 소망이나 외부 환경과 타인의 변화에 대한 가정보다는 현재 상황에 대한 현상적인 직시가 필요하다. 이러한 면에서 결국 자신에게로 돌아가야 하며 스스로에 대한 책임 있는 자세가 필요하다. 상담적 개입은 내담자가 이러한 과정에서 회피하지 않도록 용기를 주며 함께 해 주는 것이다. 다음은 현재적 자기수용을 위한 상

담적 개입의 예이다.

돌봄 균형 맞추기

진정한 삶이 여실히 결여되어 의존적 삶의 태도 혹은 역할적 삶의 태도를 지닌 내담자는 지나치게 타인 중심이나 환경 중심적인 모습으로 인해 자신에 대한 돌봄이 결여되기 쉽다. 이러한 삶의 태도가 때로는 우울이나 분노 등 내면적으로 심리적 문제를 일으키기도 한다. 이러한 삶의 태도에 대한 단순한 직시는 자칫 자신에 대한 부적절한 실패감을 더해 줄 수 있다. 또한 관계적 세계에서의 급격한 변화는 내담자가 해결할 수 없는 더 큰 갈등을 유발할 수도 있다. 단순히 타인과 경계를 세우고 자기주장을 하며 자신을 돌보라고 권고함으로써 내담자의 삶의 태도를 바꾸는 것은 매우 어렵다. 내담자의 삶의 태도에서 나오는 모습을 상담자가 인정하는 것은 때로는 매우 안정감을 주기도 한다. 이러한 상황에서 자신과 타인에 대한 균형을 맞추도록 개입하는 것은 내담자의 작지만 매우 중요한 변화를 이끌어 낼 수 있다.

상담자 1: 여기 이 전부가 ○○ 씨가 지니고 있는 삶의 에너지라면 이러한 이 에너지가 어떻게 누구에게 사용되는지 생각해 보시면 어떨까요?

내담자 1: 다른 사람에게 잘 보이기 위해 눈치보고 거절하지도 못하고 다른 사람 힘들까 봐 어려워하면 결국 제가 다 떠맡아서 하게 돼요. 그럴 필요 없다고 생각하면서도 어쩔 수 없이 그렇게 하게 되네요.

상담자 2: 어쩔 수 없이 나 힘든 것보다 다른 사람을 돌보는 것에 더욱 민감하네요. 자…… 그러면 이 에너지의 몇 퍼센트나 남에게 쓰고 있는 거지요?

내담자 2: 글쎄요, 얼핏 생각해 봐도 95퍼센트는 가족이나 가까운 다른 사람에게 쓰는 것 같아요. 그러니까 소진돼요.

상담자 3: 그럼 자신에게는 5퍼센트…… 95 대 5(에너지의 양을 분리해 보며) 어떠세요?

내담자 3: (얼굴을 감싸고 한숨을 들이쉬며) 나 스스로가 너무 힘들어 보여요.

상담자 4: 어떻게 하면 좋을까요?

내담자 4: 이제 다른 사람에게 관심 끊고 싶어요. 정말 지겨워요. 안 그러고 싶어요.

상담자 5: ○○ 씨 성격과 품성으로 그것이 가능할까요?

내담자 5: 사실 불가능해요. 매일 더 이상은 안 하겠다고 해도 그럴 수 없어요. 다른 사람들이 이미 내가 할 줄 알기 때문에 내가 안 하면 엄청 갈등이 일어나기도 하고요. 그걸 제가 못 견뎌요.

상담자 6: 사실 다른 사람을 도와주고 돌보는 게 잘못된 것은 아니지요. 문제는 나에 대한 거지요. 다른 사람에겐 엄청 민감하게 돌봄을 주면서 자신에게는 5퍼센트 너무 인색한 것이 마음에 엄청 걸리네요. 혹시 에너지를 어느 정도로 배분하면 마음 편하게 다른 사람을 도우면서도 스스로도 만족할 것 같은지요?

내담자 6: 일단은 현재 내 상황에서 20퍼센트 정도만 되어도 마음이 편할 것 같아요.

상담자 7: 그러면 80 대 20 퍼센트로 다른 사람에게 쓰는 에너지를 줄일 수도 있고, 아니면 할 수 있다면 다른 사람에 대한 돌봄을 그대로 유지하면서 나 자신에 대한 돌봄을 20퍼센트로 높일 수 있지요. 어떤 것이 좋을까요?

내담자 7: 다른 사람에 대한 것도 줄여야 해요. 80 대 20으로 하는 것이 좋을 것 같아요. 그 정도는 별 무리 없이 할 수 있을 것 같아요.

상담자 8: 그러면 95퍼센트에서 80퍼센트로 줄이는 것이 생활 속에서 어떻게 하는 건지 그리고 5퍼센트를 20퍼센트로 올리는 것이 어떤 것을 하면 그렇게 하는 것인지 좀 더 구체적으로 이야기해 볼까요?

미래적 자기에 대한 선택

　상담자는 내담자의 미래적 자기를 위한 새로운 선택을 실행할 수 있도록 도와주어야 한다. 현대를 살아가는 우리는 각자 차이는 있지만 실존적으로 자책감을 가지고 있다. 실존적인 자책감은 일반적인 죄책감이나 자책감과는 다른 특성이 있다. 일반적으로 죄책감이나 자책감은 타인이나 어떤 상황에 대해 부족하거나 잘못된 것에 대한 책임으로 느껴지는 감정적 반응이다. 이러한 감정은 합당한 이유가 있을 때 적절한 자책감으로 느껴지기도 하지만, 때로는 외적인 이유와는 상관없이 스스로 느껴지는 비합리적인 경우도 있다. 그러나 실존적인 자책감은 자신의 삶이나 자신에 대한 책임으로 인해 느끼는 감정이다.

　현대사회를 살아가는 사람들은 태어나면서부터 자연스럽게 자신이 자신의 삶에 대한 기대에 부응하기보다는 타인이나 사회적 요구에 반응하며 살아가는 것이 익숙하다. 따라서 자신의 빛깔과 향기를 추구하지 못하고 자신을 잃어버린 것에 대해 자신도 인식하지 못하는 내면 깊숙한 곳에서 자책감을 느낀다. 1장에서 언급한 바와 같이 영어의 책임(responsibility)이라는 단어는 '응답'이라는 'response'와 '능력'이라는 'ability'의 합성어이다. 즉, '응답할 수 있는 능력'을 의미한다. 그런데 응답하는 능력은 타인의 요구에 대한 것이 아니라 근본적으로는 자기 자신의 빛깔과 향기에 알맞도록 스스로 원하는 삶에 대한 응답이다. 앞서 언급했던 라인홀드 니버 역시 "인생에서 책임감이란 말을 빼 버리면 아무런 의미가 없다. 책임감(reponsibility)이란 자신이 해야 할 일들이 무엇인지 분명히 깨닫고 자신이 가능한 한 최선을 다해 그것들을 수행하는 태도이다."라고 말한 것은 이와 같은 맥락이라고 볼 수 있다. 따라서 책임감이나 실존적 자책감은 실존적 의미에서 주체성과 같은 선상에 위치하는 것으로 불가분리의 관계에 있다.

그러나 책임성이나 주체적인 차원에 근거한 삶의 새로운 선택은 현실 부정이나 탈피와 같은 혁신적인 방향 전환이나 이제까지의 삶에 대한 단절을 의미하는 것이 아니다. 이는 내담자의 실존적 자책감에 대한 인식과 성찰을 기반으로 내담자의 삶에서 조화와 균형을 이루는 것을 의미한다. 수동적이고 피동적인 삶의 형태로서가 아닌 마음의 자각 상태를 유지하는 주체적인 자기로서 균형 잡힌 삶과 마음 상태를 유지하기 위한 선택의 여정을 시작하는 것이다. 무엇보다도 내담자의 물리적 세계, 사회·개인관계적 세계, 내면적 세계, 정신적 세계 사이의 조화를 이루는 선택을 하는 것이다.

또한 각각의 세계에서 극단으로 치우친 현상에 대해 균형을 통해 중용적 덕을 취하는 것이 필요하다. 아리스토텔레스 철학에서 보여 주는 것처럼 중용적 덕은 내담자가 자신의 타고난 내재적인 역량을 최대한 발휘할 수 있도록 하는 지혜라고 할 수 있다. 이런 의미에서 중용은 단순히 물리적 중간이 아니다. 덕은 내담자가 잠재적으로 지닌 자신만의 빛깔을 최대한 드러내는 상태를 말하며 중용은 덕을 이루도록 만드는 균형적인 조화를 뜻한다. 다음은 이와 같은 것들에 대한 개입 과정의 예이다.

인생 밥상 메뉴 점검하기

인간은 모든 생물과 마찬가지로 음식을 섭취해야 에너지를 생성하고 삶을 유지할 수 있다. 인간은 단순히 신체적인 음식만이 아니라 심리적이고 영적인 에너지 공급이 필요하다. 심리적이고 영적인 것들은 실제 음식처럼 실체가 드러나지 않기에 자신도 모르는 사이에 자신이 섭취한 것들의 영향을 알 수 없을 때가 많다. 이러한 것을 가시화하고 자신을 이해함으로써 스스로 자신에게 줄 수 있는 신체적, 심리적 영양 섭취를 조절하고 바꾸도록 하는 것이다.

실제로 신체적인 다이어트를 위해 자신이 섭취한 음식을 구체적으로 적어 보는 것만으로도 상당한 다이어트 효과를 얻을 수 있다. 심리적인 차원에서도 자신이 삶에서 주로 활용하고 있는 특성들을 구체적으로 가시화할 때 자신에 대한 자각과 이해가 분명해질 수 있다. 또한 밥상의 메뉴와 같은 이러한 삶의 특성들에 대해 선택적으로 제거하고 첨가 가능성을 고려하며 결정해 나갈 때 좀 더 성숙하고 조화로운 삶에 대한 성찰을 이루어 갈 수 있게 된다. 이를 위해 다음과 같은 방식으로 내담자와의 상호작용을 통해 심리적 차원의 인생 밥상에 차려진 메뉴를 점검하며 재구성함으로써 생활 속에서 조화로운 자신의 모습을 구체화한다.

- 현재 삶에서 나타나는 자신의 특성 중 핵심 단어로 인생 밥상을 차려본다(주요 특성: 밥, 국, 반찬 등으로).
- 인생 밥상을 통해 보는 자기 삶에 대한 자신의 마음을 대면하여 표현한다.
- 인생 밥상의 메뉴를 조정한다(없앨 것과 첨가할 것).
- 이전의 인생 밥상과 새로 차려진 인생 밥상에 대한 자기 마음을 비교하여 표현해 본다.
- 새로 메뉴를 조정한 인생 밥상을 만들기 위한 실행 계획을 구체화한다.

자기 특성 조절하기

내담자가 자신의 특성을 문자 또는 어떤 형상으로 가시화해서 볼 수 있는 것은 자기의 특성을 자각하는 데 매우 큰 도움을 준다. 이 기법은 미덕 카드를 활용하여 자신의 성격이든 생활 태도이든 자신에게 가장 적합하다고 생각되는 다섯 가지 단어 카드를 선택하여 이러한 특성이 자신의 내면세계 혹은 관계세계에 미치는 영향을 자각하는 것에서부터 시작한다.

- 자신의 특성 다섯 가지 단어를 선택
- 다섯 단어의 특성을 통해 자신의 마음을 대면
- 단어의 분량을 조절하거나 빼내거나 첨가하고 싶은 단어
- 조절된 자기 특성에 대한 마음 나누기
- 구체적 실행 계획

상담자 1: 여기 있는 카드에서 자신의 특성을 가장 잘 나타내 주는 것을 다섯 가지만 골라 보시겠어요. 분명하고 중요한 특성 세 가지는 앞쪽에 그리고 나머지 둘은 뒤쪽에 위치시켜 보세요.

내담자 1: (카드를 뒤적이며 고른다.) (앞줄에) 책임감, 성실, 인내, (뒷줄에) 완벽, 예의

상담자 2: (카드를 내담자 쪽으로 보여 준다.) 책임감, 성실함, 인내, 완벽, 예의 이런 특성이 ○○ 씨의 성향을 보여 주네요. 이러한 단어들을 보면서 어떤 마음이 드는지요?

내담자 2: 매우 모범생인 것 같은데…… 좀 답답하네요.

상담자 3: 바람직한 것 같은데 마음이 편하지는 않나 봐요.

내담자 3: 열심히 살고 괜찮은 사람으로 보이기는 하는데 너무 그

러니까 마음의 여유도 없고 무거워요. 그래서 어느 땐 괜히 엉뚱하게 아이들에게 미친 듯이 화를 내고 또 후회하고 암튼 속이 무겁고 즐겁지 않아요.

상담자 4: 이러한 특성으로 인해 마음 깊이 만들어진 부정적인 덩어리들이 무엇인지요?

내담자 4: 화, 우울, 답답함 이런 것들이요.

상담자 5: 겉으로는 매우 성실하고 예의 바른데 마음속은 다른 것들로 시끄럽네요. 혹시 여기서 어떤 카드를 바꾸거나 카드의 크기를 조절하면 마음속의 원치 않는 덩어리들을 녹일 수 있겠는지요?

내담자 5: 사실 책임감이나 성실, 완벽 등을 바꾸고 싶어요.

상담자 6: 마음은 원하지만 ○○ 씨의 현 상황에서 그것이 어느 정도 가능할지요?

내담자 6: (1분 30초 정도 깊이 생각함) 어차피 책임감이나 성실한 것은 내려놓기는 어렵고요…… 그러나 '완벽'은 내려놓고 싶어요. 이것은 그래도 가능할 것 같아요. 다른 사람들에 대한 지나친 '예의'도 줄여야 할 것 같고요. '책임감'도 조금은 줄일 수 있을 것 같아요.

상담자 7: 혹시 다른 특성의 카드로 대체하거나 다시 정리해 볼까요?

내담자 7: '완벽' 대신 '여유'로, '예의' 대신 '편안함'의 카드로 바꾸

고 책임감은 없앨 수는 없고 약간 뒤쪽으로 옮겨놓고 싶

어요. [(앞줄에) 성실, 인내, 편안함 (뒷줄에) 책임감, 여

유로 배치함]

상담자 8: 지금의 이러한 특성을 보면서는 마음이 어떠신지요?

내담자 8: 성실하고 인내하면서도 마음은 조금 편안하게…… 사실

지금은 그렇게 조급하지 않아도 되는 상황이에요. ……

그리고 책임감을 갖되 어느 정도는 여유를 가지고 행동

해 가면 될 것 같아요. …… 마음이 정말 편안해져요. 이

러면 화가 나거나 심각하게 우울하지도 않을 것 같지 않

아요.

상담자 9: 이렇게 조화가 이루어지면 훨씬 흡족한 삶이 될 수 있을

것 같이 보이는군요. 그러면 어디서부터 또는 누구와의

관계에서 이런 모습이 이루어질 수 있을지 구체적으로

계획해 볼까요?

에필로그

인간은 유한성과 삶의 한계를 지닌 존재이지만 정신적 차원을 지닌 존재이기에 삶의 한계를 초월할 수 있는 능력을 지니고 있다. 그러나 자신의 의지와 상관없이 피투된 인간은 삶의 한계와 자신의 내면적 현상에 진정으로 대면할 때 자신의 삶을 의미 있게 기투할 수 있는 용기와 힘, 그리고 선택을 할 수 있다. 사르트르의 명언 가운데 "인생은 B와 D 사이의 C이다."라는 말이 있다. 삶은 출생(birth)하여 죽음(death)에 이르는 전 과정을 통해 선택(choose)하는 과정이라는 의미이다. 자신의 삶에 대해 책임성 있는 선택의 과정이 바로 주체적이며 실존적인 삶이다.

인간은 궁극적으로 죽음이라는 가장 근원적 한계를 분명히 대면할 때 비로소 어떤 삶을 살아야 하는지에 대한 올바른 선택, 자신의 인생이 요구하는 책임적 삶을 구현할 수 있다. 성경에서 다윗 왕은 세상의 높은 지위와 권세를 지녔지만 오히려 "나의 인생의 종말과 연한을 알게 하시고 나의 연약함을 깨닫게 해 주소서."라고 간절히 기도하였다. 이는 진정한 지혜를 얻는 방법으로서 자기 삶의 한계를 대면함으로써 자기 삶의 가장 중요한 일, 그리고 가장 가치 있는 일상을 가꿀 수 있기 때문이다. 실존통합심리상담에서 내담자가 자신의 한계 상황과 자신을 대면하는 것은 무엇보다 중요하다. 이를 통해 내담자는 오히려 고통을 초월할 수 있는 힘을 얻게 되고 실존적 선택을 이룰 수 있기 때문이다.

오늘날 우리 사회에 만연한 삶의 특성을 집단적 허무주의로 규명하고 있다. 주체적인 자기와 진정한 관계의 상실로 인해 인간 내면 심층 깊이 뿌리내린 허무주의는 심리적 문제의 가장 큰 원인이라 할 수 있다. 허무주의는 자신의 실존적 삶에 대한 선택을 포기한 채 자신을 소외시키거나 역할과 기능적 삶의 패도 속으로 밀어 넣는다. 또는 쾌락주의나 다양한 중독 현상으로 자신을 방임하기도 한다. 이는 마치 삶의 과정에서 경험한 겨울왕국처럼 냉혹한 환경이나 태양열처럼 강렬한 열기 속의 세상에서 어쩔 수 없이 자신을 보호하기 위해 의지했던 우주복이나 방화복을 입고 일상을 살아가는 것과 유사하다. 실존통합심리상담의 전체 과정(마음다리 연결하기, 우리마음 형성하기, 옛마음보 파악하기, 옛마음보 기경하기, 새마음보 형성하기)은 내담자가 상담자와의 본래적 관계를 경험함으로써 방화복이나 우주복을 벗어 버리고 자신의 주체성을 회복하는 경험을 이루기 위함이다. 결론적으로 이러한 본래적 관계성과 개별적 주체성의 회복은 자신의 존재적 가치에 대한 새로운 시각과 삶의 다양한 세계(물리적·사회관계적·개인관계적·정신적·내면적 세계)의 조화로운 삶을 이루기 위한 새로운 선택의 과정이다. 실존통합 심리상담자는 내담자가 인생의 길이 끝났다고 여겨지는 한계 상황에서 길을 볼 수 있도록 안목을 열어 주는 사람, 그리하여 내담자로 하여금 스스로 봄길이 되어 걸어갈 수 있도록 용기와 격려를 주는 사람이다.

길이 끝나는 곳에서도
길이 있다.
길이 끝나는 곳에서도
길이 되는 사람이 있다.
스스로 봄길이 되어
끝없이 걸어가는 사람이 있다.
……(후략)

- 정호승의 「봄길」 중에서

참고 문헌

강성률(2005). **철학의 세계**. 서울: 형설출판사.

강성률(2009). **서양철학사 산책**. 서울: 평단.

강신주(2011). **철학이 필요한 시간**. 서울: 사계절출판사.

강영안(2005). **타인의 얼굴-레비나스의 철학**. 서울: 문학과 지성사.

성신형(2015). 임마누엘 레비나스의 '존재론적 모험'에 대한 연구, **기독교사회윤리, 33**, 177-201.

소광희(2013). **하이데거 존재와 시간 강의**. 서울: 문예출판사.

이기상(2010). **쉽게 풀어 쓴 하이데거의 생애와 사상 그리고 그 영향**. 서울: 누멘

이진우(2015). **니체의 인생강의**. 서울: Humanist.

주혜연(2010). 칸 야스퍼스의 실존해명과 철학상담, **동서사상, 9**, 183-206.

한국야스퍼스학회(2008). **칼 야스퍼스-비극적 실존의 치유자**. 서울: 철학
과 현실사.

한재희 외(2013). **실존주의와 상담, 상담이론과 실제**. 서울: 학지사.

한재희(2011). **한국적 다문화상담학**. 서울: 학지사.

Jaspers, K. (1986). *Karl Jaspers: Basic Philosophical Writing*.
(Tran. E. Ehrlich, L. H. Ehrlich, & G. B. Pepper) New Jersey:
Humanities Press.

Buber, M. (1937). *1 and thou*. 김천배 역(2010). 서울: 대한기독교서회.

Cooper, M. (2014). **실존치료**(*Existential Therapies*). 신성만, 가요한,
김은미 역. 서울: 학지사. (원저는 2003년 출간)

Corey. C. (2008). **심리상담의 이론과 실제**. 조현춘, 조현재 역. 서울: 시
그마프레스. (원저는 2001년 출간)

Deurzen, Emmy van. (2017). **실존주의 상담 및 심리치료의 실제**
(*Existential Counselling & Psychotherapy in Practice*). 한재희
역. 서울: 학지사. (원저는 2012년 출간)

Deurzen E. V., & Adams M. (2011). *Skills in Existential
Counselling & Psychotherapy*. London: Sage Publications Inc.

Frankl, V. E. (1995). **죽음의 수용소에서**(*Man's Search for Meaning:
An Introduction to Logotherapy.*) 김충선 역. 서울: 청아출판사.
(원저는 1973년 출간)

Frankl, V. E. (2016). **프랭클 실존분석과 로고테라피**(*Doctor and Soul*). 심일섭 역. 서울: 도서출판 한글. (원저는 1973년 출간)

Heidegger, M. (1927). *Sein und Zeit, Being and Time.*, J. Macquarrie and E. S. Robinson역(1962). New York: Harper & Row.

Jaspers, K. (1931). *Psychologie der Weltanschuungen, The Worlds of Existentialism,* M. Franck and A. Newton 역(1964). Chicago and London: Yale University Press.

Kierkegaard, S. (1846). *The sickness unto death: A Christian Psychological Exposition for Upbuilding and Awakening.* Vol. 19 (H. V. Hong and E. H. Hong 역(1980). New Jersey: Prinston University Press.

Laing, R. D. (1965). *The Divided Self: An Existential Study in Sanity and Madness.* London: Penguin.

Levinas, E. (2009). **시간과 타자**(*Le temp et l'autre*). 강영안 역. 서울: 문예출판사. (원저는 1979년 출간)

May, R. (1999). **카운슬링의 기술**(*The Art of Counseling*). 이봉우 역. 서울: 분도출판사. (원저는 1967년 출간)

May, R. (1969). *Existential Psychotherapy*(2nd ed.). New York: Random House.

Saner, H. (1998). **칼 야스퍼스**(*Karl Jaspers*). 신상희 역. 서울: 한길

사. (원저는 1970년 출간)

Sartre, J. P. (1943). *Being and Nothingness: an Essay on Phenomenological Ontology*. H. Barnes 역(1956). New York: Philosophical Library.

Sartre, J. P. (2014). **구토**(*Le Nausee*). 강명희 역. 서울: 하서출판사. (원저는 1938년 출간)

Sartre, J. P. (2014). **실존주의는 휴머니즘이다**(*L'existentialisme est un humanisme*). 박정태 역. 서울: 이학사. (원저는 1945년 출간)

Schneider, K. J., & Krug, O. T. (2017). *Exisitential-Humanistic Therapy*. Washington, DC: APA.

Lacovou, S., & Weixel-Dixon, K. (2015). *Existential Therapy*. Londod: Routledge.

Yalom, I. D. (2007). **실존주의 심리치료**(*Existential Psychotherapy*). 임경수 역. 서울: 학지사. (원저는 1980년 출간)

Yalom, I. D. (2001). *The Gift of Therapy: Reflections on Being a Therapist*, London: Piatkus.

찾아보기

인명

내용

저자 소개

한재희(Han Jae Hee)

　백석대학교 상담학교수. 성균관대학교를 졸업한 후 고려대학교와 서울신학대학교에서 상담심리학과 목회상담학을 전공하여 각각 석사학위를 취득하였다. 그 후 미국 텍사스에 위치한 베일러대학교 대학원에서 상담심리학을 전공하여 박사학위를 취득하였다.

　한국심리치료상담학회 회장, 전국대학교 학생생활상담센터협의회 회장, 한국가족문화상담협회 및 한국다문화상담학회 회장 등을 역임하였으며, 현재 백석대학교 상담대학원 원장으로 재직하고 있다.

　또한 한국상담심리학회 상담심리사 1급(주 슈퍼바이저), 한국상담학회 전문영역수련감독상담사(심리치료, 집단상담. 부부가족상담), 한국가족문화상담협회, 한국기독교상담심리학회 및 한국목회상담협회 슈퍼바이저로 활발한 임상적 활동을 하고 있다. 특히 한국 문화적 상황에서의 '실존통합심리상담'에 대한 이론적 체계 확립과 임상적 적용을 위해 노력하고 있다.

　주요 저서 및 역서로는 『실존주의 상담 및 심리치료의 실제』(학지사), 『한국적 다문화상담학』(학지사), 『상담패러다임의 이론과 실제』(교육아카데미 출판사), 『상담과정의 통합적 모델』(센게이지러닝), 『집단상담 사례와 프로그램의 실제』(공저, 학지사), 『상담이론』(공저, 학지사), 『부부 및 가족상담』(공저, 학지사), 『사회복지 상담기술론』(공저, 학지사) 외 다수의 공저서와 공역서가 있다.

실존통합심리상담
-과정과 기법-

Existential Wholistic Psychotherapy:
Process and Intervention skill

2019년 2월 10일 1판 1쇄 인쇄
2019년 2월 15일 1판 1쇄 발행

지은이 • 한재희
펴낸이 • 김진환
펴낸곳 • (주) **학지사**

　　　04031 서울특별시 마포구 양화로 15길 20 마인드월드빌딩
대표전화 • 02)330-5114　　팩스 • 02)324-2345
등록번호 • 제313-2006-000265호

홈페이지 • http://www.hakjisa.co.kr
페이스북 • https://www.facebook.com/hakjisa

ISBN 978-89-997-1771-0 93180

정가 13,000원

이 도서의 국립중앙도서관 출판시도서목록(CIP)은 서지정보유통지
원시스템 홈페이지(http://seoji.nl.go.kr)와 국가자료공동목록시스템
(http://www.nl.go.kr/kolisnet)에서 이용하실 수 있습니다.
(CIP제어번호: 2019014250)

교육문화출판미디어그룹 **학지사**

심리검사연구소 **인싸이트** www.inpsyt.co.kr
원격교육연수원 **카운피아** www.counpia.com
학술논문서비스 **뉴논문** www.newnonmun.com
간호보건의학출판사 **학지사메디컬** www.hakjisamd.co.kr